光と影の
やさしいお話

〜この世のすべての悪を担った
大天使ルシエル
それはいまひとつの
神の姿であった

征

ナチュラルスピリット

私のノートの文字の一部を紹介致します

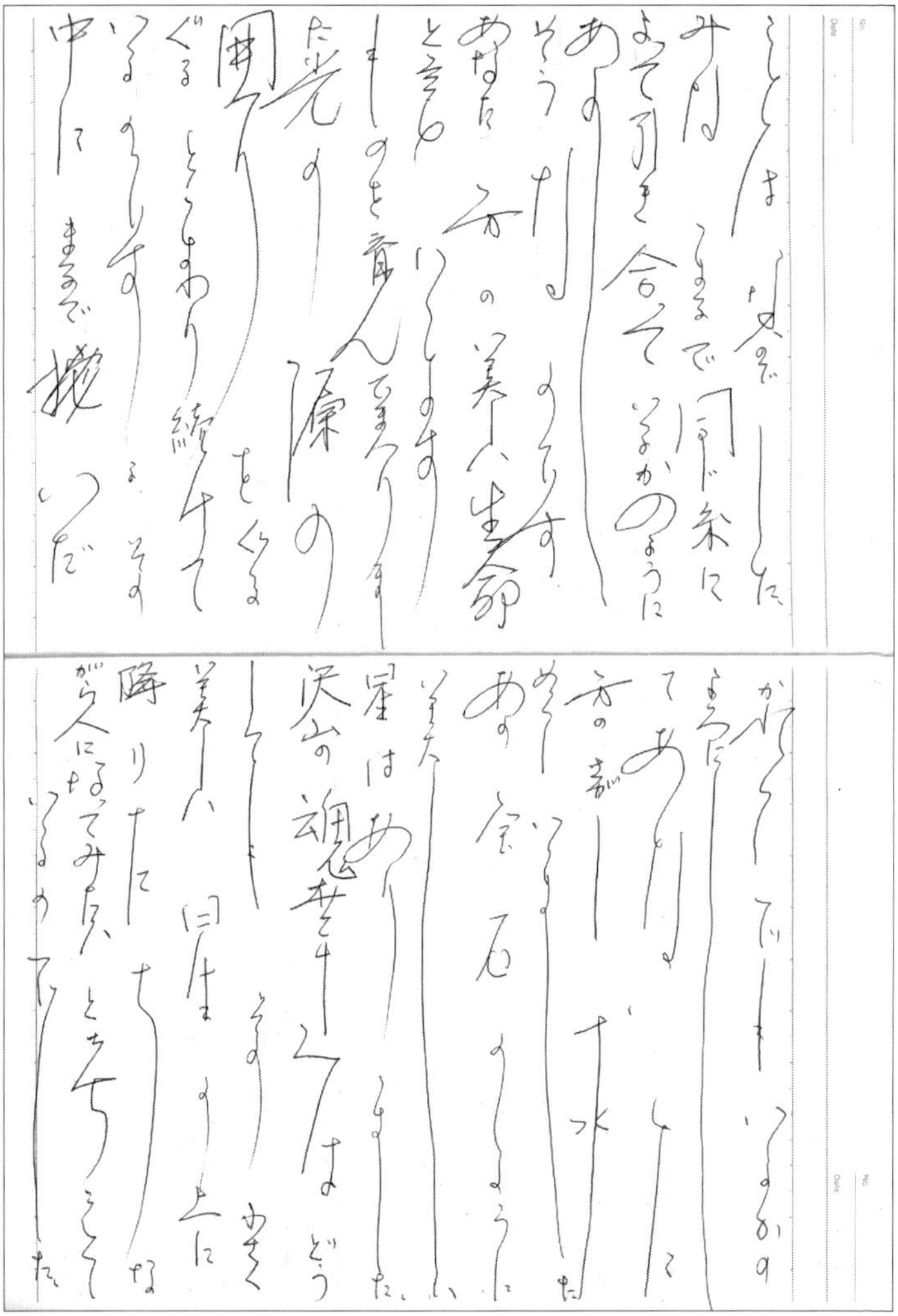

一九九〇年十一月二十九日の記述

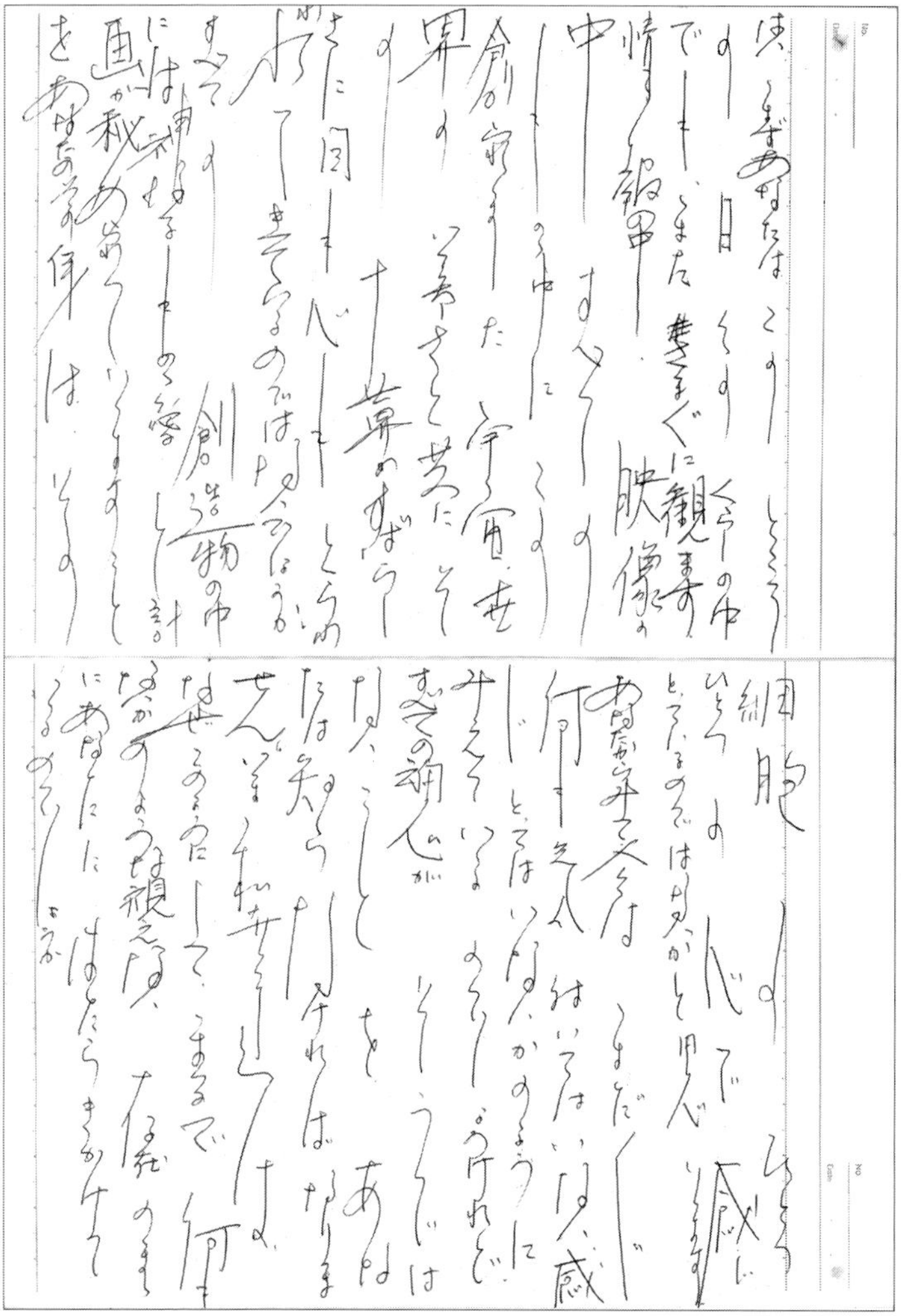

一九九一年十二月十七日の記述

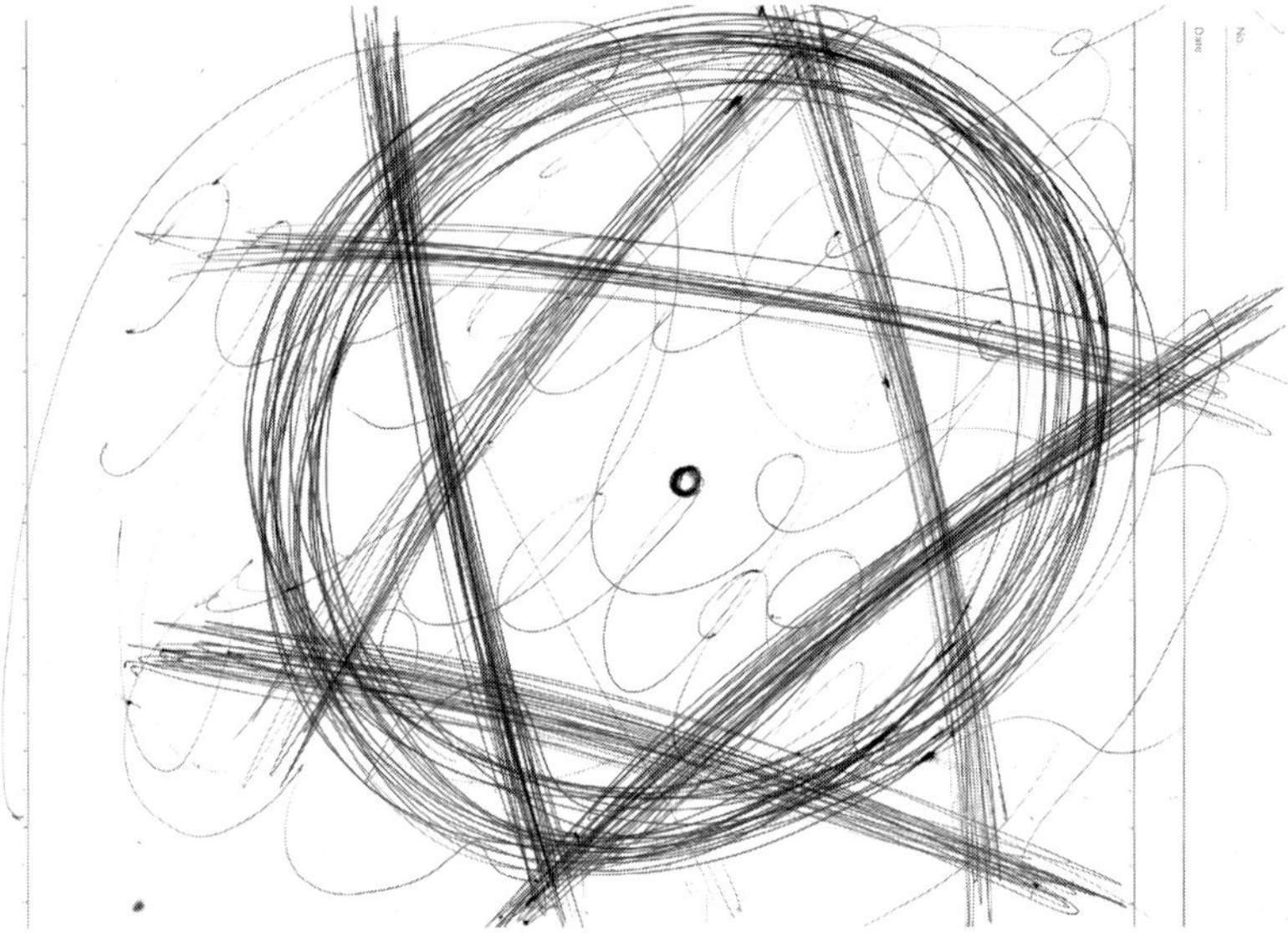

この図は宇宙のマークであり、地球のマークでもあります。

私のノートには度々このマークが描きだされます。

円は宇宙を表し、突き抜ける線で描かれた六芒星のような図は、いわゆるカゴメ模様で、この宇宙空間にあるすべてのものの「つながり」、すべてのものはつながっていることを表しています。

まん中の点は、一人ひとりの中に、そしてありとあらゆるものの中に宿っている「宇宙の根源意識」、つまり「宇宙意識」を表しています。

うすい波線は宇宙に満ちる気、エネルギーを表します。

増刷によせて

今回、大変思いがけないことに、この私のノートの一冊目の本、『光と影のやさしいお話』の増刷が決まりました。

このような非現実的とも言える内容の本ですから、いまの極度に文明の発達した現実社会の中で、どれほどの方々に受け止めていただけるのか心もとない思いがありましたが、何はともあれ良かった、とほっとしています。

ところでその、いまの現実社会ですが、今年になって突如姿を現してきた例の「新型コロナウイルス」という、あまりに小さすぎて決して人の目では捉まえることの出来ない存在によって、私達人間社会は得体のしれない恐怖心が広がり、社会システムそのものが大きな変化を強いられてしまいました。

いまこの文章を書くにあたり、約三年前に書いた「あとがき」を読んでみたのですが、そこにこのウイルスのことなどは全く出てはいませんが、このウイルス騒ぎで広がり展開しているいまの得も言われぬ不気味な相互監視社会、そしてまことに素直にさまざまに自粛し従っていく人々の姿が垣間見えるように思いました。そしてその空気感は、いつかどこかで確かに経験したことがある、そういう思いに襲われています。

私は一九三八年三月、日中戦争が始まった次の年に生まれました。

第二次世界大戦が終わったのは、当時の国民学校二年生の時でした。生まれた時からそれまでの間はほとんど戦中だったといえます。日本の敗戦を迎えたのは二年生の夏でしたが、特に学校に入ってからの毎日は、国家が決めたことの強制強制の日々、そして隣組という組織による相互監視社会、決して他人と違った言動をしてはならない日々でした。幼い子供だった私などでも、なんと窮屈で恐ろしい社会かを肌にしみこませてしまいました。

いまの日本社会は決して強制ではなく、あくまで「自粛」ですけれど、人々の姿、様子をみていますと、あまりにも見事にひとつの色に染まっていて、子供の頃の空気をそのままチクチクと肌で感じてしまいます。

そして何かとても変、何かおかしい。何かが大きく崩れ去り崩れ落ちようとしている。この先、その先に待っているものは一体何なのか？

決してこれまでの繰り返しではなく、ほんとうの意味での新しい社会、新しい世界でありますように、と心から願わずにはいられません。

山田　征

二〇二〇年八月二十日

推薦文

『光と影のやさしいお話』について

私は夫の山川紘矢と共に一九八六年春、ハリウッド女優のシャーリー・マクレーンが書いた『アウト・オン・ア・リム』（地湧社）という本を日本語に訳して出版しました。すると、毎日のように、本を読んで深い感動を覚えました、という手紙が読者から届くようになりました。そのひとつにこの本の著者、山田征さんからの手紙がありました。そして、その数日後、彼女は我が家に来てくださいました。

その時から、彼女は忙しい日々の中、時間があると我が家に来ては、彼女の不思議な体験についていろいろ話してくださるようになりました。お嬢さんたちがずっと前からイエス様や天使といつも一緒に遊んだり、彼らから教えを受けたりしていたこと、征さんはその話を聞いて霊的なことを学んで来たこと、不思議な人と出会って超常体験をした事などなど。私たちはいつも楽しくそのお話を聞いては、びっくりしたり、感心したりしていました。

そして、知り合って数ヶ月たったとき、山田さんに自動書記が始まりました。自動書記とは、天使や精霊など、見えない存在が送ってくる様々なメッセージを、伝えられるままに書き取って行くことです。自分の頭ではとても考えつかない事柄が、自分の指先からどんどんノートに書き出されて行くという、不思議な現象だと言っても良いでしょう。私達は誰もがそのような能力を潜在的に持っているのですが、普通はその力は眠ったままです。しかし、今、その能力を発揮し始めた人がどんどん増えています。そして、山田さんはその能力を30年前に発揮し始めたいわば、先駆者の一人、と言って良いと思います。

しかも彼女に起こった自動書記は、最初の一行から深い意味を持つ、私達の想像を超えたものでした。最初はイエス、聖母マリアなどがいろいろなメッセージを伝えてきましたが、間もなく、堕ちた天使と言われるるしえるからのメッセージが伝えられるようになったのです。そして彼は、神が私達人間を作った目的、その時にるしえるに託した過酷な役割、そして今、その役割も終わりに近づいていることなど、とても普通の人では受け取りえない内容を次々と、山田さんの指先を通して伝えてきたのでした。

自動書記が始まったときには、すでに彼女にはこうした深いメッセージを受け取るための準備がすっかり整っていたのでしょう。お嬢さんを通じてもたらされた情報や、超能力者との出会いなどもその準備だったのでしょうが、それ以上に重要だったのは、彼女の生き方そのものだったと思います。

山田さんは初めて我が家に来てくださった時、一冊の本を持ってきてくださいました。『ただの主婦にできたこと』(現代書館)というとても素朴な感じの本でした。それまでの山田さんの活動について、ご自分で書いた本でした。それを読むと、彼女はとてもただの主婦にはできないような大きな仕事に、次々に取り組んできた人だったことがわかりました。小学生に安全な給食を食べさせたいと思って、無農薬野菜を毎日、学校に届ける仕事をはじめたこと、そのために農家と手を結び、農作業にも関わったこと、安全な食事を出すお店を友達と一緒に作ったこと、大好きな編み物を大きな仕事にしていたこと、しかも4人のお嬢さんたちのお母さんでもあったのです。

読んだ感想はまさにこの題名は間違っている、『ただならぬ主婦にできたこと』であるべきよね、でした。その上、私が彼女に出会った頃は、沖縄県石垣島にある美しい白保の海をつぶして空港を作る計画に反対する運動で大忙しでした。

ともかく、彼女は人々が健康で幸せになり、自然を守り生き物を大切にするために、日々、心を砕いて動き回っている人だったのです。生まれた時から大きくて純粋な魂の持ち主だったのでしょうが、ずっと地に足をつけて人々のために活動してきたその生き方こそが、天界からのメッセージを受け取るための必要条件そのものだったのでしょう。

現在、山田さんは環境問題、特に太陽光発電や風力発電による環境破壊や健康被害の問題に取り組んで、全国を駆け回っています。しかも彼女は電気の無い生活をしています。なかなか快適よ、と笑っている彼女はさすがです。

この本が自費出版されたのは30年前です。当時からこのように壮大なテーマの本を理解する人たちもいて、何回か増刷をしてかなりの部数が読まれたそうです。でも、彼女は積極的に販売する気もなく、又他の仕事の忙しさに紛れて、しばらくはこの本に書かれたテーマについてはほとんど活動をしていませんでした。でも、今こそ、山田さんのお話やるしえるの言葉が必要なときが来ています。もう一度、この話をもっと積極的に人々に伝えて欲しいと願っていたところ、今回、ナチュラルスピリット社から新刊『光と影のやさしいお話』が出版されることになって、とても嬉しく思っています。改めてもう一度読んでみて、私はその波動の高さと言葉の美しさに圧倒されました。今という時は、光と影の世界からすべてが光の世界へと戻る時代だと、るしえるは語っています。30年前にすでにこのようなことを書き取っていた山田さんの力に、今更ながら私は驚いています。

たとえ、そこに書いてあることがよくわからなくとも、るしえるの伝える雅歌《がか》とも言える素晴らしい詩を読むだけで、魂の震えを感じる事でしょう。そして全部を読み終わったとき、深い感動と喜びがわき上がってくると思います。ぜひ、多くの方に読んで欲しいと思います。

二〇一七年十一月

山川亜希子

まえがき

「今日から私達が伝えますことを、ひとつ余さず書き止めていって下さい。そう致しますと、すべてのことがらが明らかになってまいります」

五十才になってまもないある春の日の朝、私ははっきりとした涼よかな女の人の声をききました。

その声の届く前、私の目の前には赤系の多い色とりどりのカードが沢山並べられているビジョンが現れていました。「おや？　これは一体何だろう……」と眺めていた時、「そこに手を置きなさい」とその声がしたのです。言われるままに手をのばしますと、「バシッ！」という凄まじい音と共に強烈な電気ショックのような感覚が腕を走り抜けていきました。

「指をごらんなさい」と再びその声が響きました。言われるままに指を見ますと、その指先を基点に腕を通過した稲妻状の白線がいく筋も肩に向かって走っていました。

ほんとうにもうびっくり！　いったい何が起きたのかわからずにいますと、その声は初めに書いた「今日から私達が伝えますことを……」と、命令にも等しい指示を私に致しました。そしてスーッとすべてが、まるで何もなかったように消えていきました。

「一体いまのはなんだったのかな?」。なんだかドキドキした感覚が残ったまま、私はその日の忙しい行動を始めていきました。

それは一九八八年、四月九日の朝の出来事です。それからすでに三十年近い年月が経ってしまいましたが、いつになっても決して忘れることのできない凄まじい出来事でした。

その日の夕方、私は町田市にお住いの山川紘矢さん、亜希子さんご夫婦を訪ねました。私は今現在もとても忙しい毎日を送っていますが、当時はそれに輪をかけたような忙しさの中で暮らしていました。

その頃沢山動いていたことの中の一つに、沖縄県石垣島にある白保という集落の海に計画が進められていた、「新石垣空港建設反対」の活動がありました。それは単なる言葉だけのものではなく、四十代前半から五十代にかけての日夜を分かたぬ動きでありましたから、それを書きだしたら一冊の書物になってしまいそうな大きなものでした。その関連で私はハワイに住む、米軍所属のある海洋学者から大切な手紙をもらっていました。それを急ぎ訳していただこうと山川さんを訪ねたのでした。

お二人が気持ちよく引き受けてくださったことは言うまでもありません。そしてほっとしたところで私は、「そういえば……」とその日の朝のショッキングな出来事を話しました。

それを聞いたお二人は即座に「山田さん、それはリーディングをする、ではないですか？きっとそうですよ」と気の早い紘矢さんは「ちょっとここでやってみませんか？」とすぐに私の前に紙とペンを置いてしまいました。

その当時お二人は、かの有名なシャーリー・マクレーンの『アウト・オン・ア・リム』（地湧社）を訳されて間もない頃でしたが、その時すでに亜希子さんは常に「自動書記」、リーディングをされていました。

私自身もその書かれるご様子を度々目にしていましたので、その「リーディング」という言葉の意味やその行為といったものがどのようなものであるかは、一応解る、といいますか、知っていたつもりでした。でもそれを実際自分がやる、となるとまずそんなことをこの私が出来るのかどうか、といった疑問と共になんとも言えない気恥ずかしさの方が先にたってしまい、「いえ、いまはちょっと……」と尻込みしてしまいました。

そんなこんなのやり取りで逃れましたが、やはり朝の出来事はあまりに強烈ではっきりとした指示でありましたから、やはり私は自分ひとりで試してみたいと思いました。

山川さんのやり方を見ていますと、まずこちらから質問を出し、それに答えてもらう、という流れだったように思います。私もそれに習ってみることにして、もう日付の変わってしまった夜中の居間で、普段使っている日誌帳にペンを置きました。

「いったいどのようにしたら良いのか教えてください」

「はい、あなたの意のおもむくままに書いてみると良いのです……」、とスラスラと言葉が現れてきます。

「え？　これって私が私に答えているのでは？」すぐにそう思ってしまいました。あまりに当たり前すぎる言葉の現れ方だったからです。でもちょっといつもとちがった手の感触がありました。言葉の方はいともあっさりスラスラ出てくるのに、ペンを持っている手の方はまるで鉄板に張り付いたマグネットを動かす時のように、なんともぎこちなくスラスラとは動きませんでした。「??なんだか変……」と思いつつそれでも次々浮かび上がってくる言葉を紙、ノートの方に写しとっていきましたが、その浮かび上がってくる言葉は自分の思い、ではなく確かに私への語り掛け、という形をとっていました。

そしてこともあろうにその言葉は、世にも有名なイエスの母のマリアの意識として語っているようでしたが、いつのまにか最後のところで、その伝え主としてのサインが「あいしていますイエス」に入れ替わってしまいました。

何故まりあなのか、いえすなのか、私には全くわけがわかりませんでしたが、朝、素晴らしく美しい声をきいた時とっさに私は、あ、今の声はまりあさまの声だ、と何の疑いもなく思ってしまったことを思い出しました。

なぜなのか、ほんとうにそれは解りません。ご本人が名のったわけでも、その姿をみせてくれたわけでもないのですが、それは本能的といいますか、ひらめき以外の何ものでもありません。そしてそれ以来、くる日もくる日も書き続けましたノートの最後のところで、必ずそのどちらかの名前がサインとして現れ続けていきました。

そればかりではありません。だんだん日が経つうちに今度は、ミカエルとかガブリエルといった、聖書の中などによく登場する天使達のサインも出て来るようになったのです。

いやはやこれはこれは、の思いは当然ありましたが、この二人の天使達の話の内容を実際お読みいただければわかりますが、私にとってこの天使達との出会いはこの時が初めてではなかったのです。


ここで私は、話をさらに十数年ほど逆のぼることにいたします。

私には娘が四人おります。ついでながら孫は七人です。長女は直子といいますが、いまは既に五十数才、一番下の娘も四十代半ばとなりました。この長女がまだ小学六年か、中学一年の頃、我が家では実にさまざまな出来事がありました。

当時私はまだ三十代半ば、まことに若かったなぁ、と思います。

その頃私は、子供の頃から大好きだった編み物の仕事を盛んにやっていました。ただ編む、ということだけではなく、作品を問屋に納めるために数十人の編子さんを抱えての仕事でした。子供たちはまだ幼く、一番下は保育園通いの頃でしたから朝から晩までほんとうに休む暇なしの忙しさでした。でもとても大好きな仕事でしたし、まだほんとうに若く体力も気力も充分にありました。夫に会社勤めをやめて私の仕事を手伝って欲しい、とさえ思ったくらいです。

そんな暮らしのある日、長女が「ねえお母さん、ちょっと話があるのだけれど……」と声をかけてきました。私は編む手を休めもせず「なに?」とききき返しました。「私ね、ずっと前かられいの人達とおつきあいしてるの……」と言うのです。

「れいの人って誰?」「れいの人は生きている人ではないの」「じゃあ、死んでる人?」「ちがう、死んではいないの」「生きていなく死んでもいない、ってどういうこと?」「まあ言ってみれば天使たち、かな……」「天使って、あの羽根のはえた?」「ううん、そういう人もいるけどそうでない人たちもいるの。いま私がおつきあいしている人達は、どっちかというと、おじいさんのような人たちで羽根は生えてはいないの……」「なんであなたがそういう人達とおつきあいしているの? いつから?」「ずっと前から……」「ずっと前って、なんでそれを言わなかったの?」

私はちょっと複雑な思いがしました。つまり彼女が言っている「れいの人」は「霊の人」であって、確かに現実社会で生きている人ではなく、でも死人ではない、ということです。そういう人達、というか存在についてそれ以前の私は全く関心がなく、その頃たまたま関わっていたあるニット会社の女社長さんに、時々そういう存在の話を聞かされることがありましたが、いつも無視するかお断りしていました。

でもある時、ここには詳しく書きませんが否応もなくそういう存在、といいますか、そのような世界とコンタクトを取り、現実にはあり得ないような出来事をいともあっさり示してしまう、いわゆる霊能者といいますか、超能力者とでも言うのでしょうか、そういう人に出くわしてしまいました。そしてその人は別れ際に「いずれあなたは仏（神）に帰依されます」。つまり仏（神）の仕事をすることになりますと私の将来について語り、去って行かれました。私は大いに面食らいましたが、その人と出逢ったことで、もしかしたら私達が生きているこの現実世界以外のもうひとつの世界が、次元の異なった世界があるのかもしれない、と思い始めていたのです。そこへ「実は……」と切り出してきたものですから……。

「それであなたは、その人達とどういうお付き合いをしているの？」と聞きますと、「まあ、主には私がいろいろ教えてもらっているんだけど……」「何を？」「例えば、自分を信じる、人を信じる、神を信じるってことはどういうことか、とか希望と欲望はどう違うのか、とか……」

これ以上ここには書きませんけれど、それは決しておどろしい話ではなく、この私自身にとっても非常に興味のある質のいい内容ばかりでした。それがわかると私は、今度は彼女から切りだすのを待てない思いでその人達の話を待っていました。

そんなある日、彼女は「ねえねえお母さん、今日はね蛍光灯のような光の人達に逢ったよ」、と少々興奮した様子で切りだしました。

「蛍光灯って何？」「あのね、光のことよ。いつもの人達は金色に光っていたので何で色が違うのかって聞いたら、『私達はより光源に近い存在です』って言ったの。つまり太陽の光でも、中心になるほど白いでしょ？　あれよ」というのです。そして「今度の人達は名前を名のったの。一人はミカエル、もう一人はガブリエルって言うの……」

なんとそれは聖書の中に出てくる天使たちではありませんか。一人はイエスの母マリアに、いえまだ乙女のマリアに現れて、彼女が乙女のまま神の子イエスを身ごもり出産することを告げたガブリエル天使です。そしてもうひとりはやはり聖書の「ヨハネの黙示録」に現れている、いわゆる天使長といわれる大天使ミカエルです。

「いったいなんでそんな人達があなたに現れたの？」「知らない、でもその人達、今日から私達があなたの担当です、って現れたの」。もちろんそれには、何かいきさつがあったようですが、その前も後も彼女は度々自分の体を抜け出し意識だけの姿であちこち様々なところへ、いわゆる時空を超えての移動が可能になったようでした。

そしていくつかの自分の過去世をみせてもらったり、この先の事を話してもらったり、と大変でした。といいますのは、私も彼女も当然このような生身の体を持っての現実生活がありますのに、全く別な空間の空気に絶えずさらされていて気持ちがあっちに行ったりこっちに戻ったりの状態だったからです。またひとつ困ったことは、夫、つまり彼女の父親はこれらのことを全く受け付けず、私達はまるで隠し事をしているように、夫の居ない時、居ない場所だけでひそひそこそこそ話す、といった状態だったのです。

ですからいまでもその感覚はトラウマのように残ってしまいました。それはともかくとして、彼女に現れた天使達のなかで特筆するべき存在があります。それは世にいう堕天使、つまり悪魔ルシファーとも言われる「ルシエル」という名の天使の出現です。

彼女がそのルシエルという名の天使に出会った時は、他の天使達のように彼女にちゃんと向き合う形ではなく、スーッとまるで流れ星のように彼女のかたわらを通り過ぎていき、ふと振り返る、といった姿だったということです。その振り返った時の彼の眼差しの凄さ、といいますか、底知れぬ悲しみをたたえた他のどの天使とも比較にならない美しさを、彼女は私にどう伝えたらいいのかわからない様子でした。

そして言うには、

「ねえお母さん、天国の扉の鍵はルシエルが持ってるんだって。私たち人間が、この世にはびこる悪というものを本当によくわかるようになるまで天の国の扉は開かずに、みんなその前でウロウロしているらしいよ」というのでした。

いまであれば、その言葉の意味はとてもよくわかるのですが、その当時はいまひとつよく解りませんでした。でもとても重大な謎を秘めた話として、深く心に残り続けたことは言うまでもありません。

その後ルシエルはもう一度、今度は姿ではなく強烈な力の意識として彼女に働きかけてきたことがありました。

「私についての謎は、いずれはっきりする時が来る」、というわけです。

そして彼の持つ巨大な謎は、私のノートの中で次々と明らかにされていきました。それはあれよあれよというまの出来事でしたが、私自身は書きながら胸がいっぱいになって仕方がありませんでした。たぶん私のノートのいちばん大きな特徴は、このルシエルという存在からの膨大なメッセージではないかと思います。

娘の前に現れた時、そして私のノートに現れた最初の頃の彼は、いわゆる天使、としての姿をとっていましたが、次々とノートの記述が進んでいきますと、彼は天使以上の者、はっきり言ってこの天地、そして宇宙そのものを創り上げていったいまひとつの神の力そのものであることが明かされていきます。

この宇宙そのものの在り方、宇宙そのものを司る大きな摂理を私のノートでは「宇宙意識」、という言葉で表していますが、その意識には双つの力がある。ひとつは広がりゆく力であり、いまひとつはちぢみゆく力である。その双つの力のからみあい、バランスによって、この世にあるありとあらゆる目に見えるもの、見えないものの存在は形づくられ可能になっている、というものです。

その双つの力のひとつ、物を物たらしめているちぢみゆく力を、私のノートでは「るしえる」という名で表しています。またいまひとつの広がりゆく力は、「我《われ》」、というサイン名です。その「我」によって思考されたあらゆるものを形化していく、つまり創造していく力を「るしえる」と表現し、その創られたありとあらゆる物によって、かもしだされていく諸々の出来事、それを大きく捉えた言葉が「悪」である、ということなのですが、その、いまここで書き表した「悪」、という言葉は私達が一般的社会通念で言っている悪、つまり悪いことの意味ではない、ということなのです。少し解りづらいかもしれません。はっきり申しまして、ここでは私達の側にも少し物事を大きく捉える、いわゆる想像力といったものが要求されています。

でもこのような表現、捉え方はノートもずっと進んだ、本でいえばずっと後のものになっていくのですが、とりあえずいまここでご紹介いたしますこの本の中での彼は、神なる宇宙意識に秘密裏に頼まれたある大きな、そして誠におぞましい〝悪魔〟と呼ばれる役柄を担って人々と共に歩んだ、そのいきさつが語られています。また、現在《いま》といいますこの時代、この時こそ人々が本当に目覚め、悪といわれるあらゆるものの本質が何であるかに気付き、人本来の姿にたち返る時が来た、そして神により私ルシエルに課せられた、とてつもなく苦々しく難しい役割から私は解放される、いえ、すでに解放されたのだと、数々の詩、雅歌《がか》ともいう形でその歓喜のほどがうたいあげられています。

つまり私のこの本は、このテーマこそが骨子であり、その為の本である、と思っています。そして私自身は、彼に代わって彼の深い思いをこのような文字に表すことが出来ましたことを心よりうれしく、ある意味誇らしくも思っています。

思えば四十余年も前、私の幼い娘達の前に現れた沢山の霊なる人々、その人達を通して語られ伝えられた驚くようなメッセージの数々、そしてある日の朝のショッキングな合図によって書き始めた数十冊にのぼるノートの数々、そのごく一端、ほんの始まりのところだけですが、今回このような形の本にして世に出すことに致しました。一人でも多くの方々の心に届いてまいりますように、と心より願っております。

二〇一七年　七月十八日

山田　征

目次

ノート1

さて、いざその気になって初めのノートを開いてみますと、大変です。何しろ今ごろになって、こんな本にするなどということを考えていたわけではありませんから、ほとんど自分だけの日記であり、自分との対話であるような世界です。

しかも伝えてくる相手は、はっきり言って、いえすであるとか、まりあであるとか、あるいは仏陀、ふらんしすといった、何時《いつ》もどこかで聞いている馴染みの名ばかり。これでは、まるでいま流行《はやり》のなんとか霊界通信とか、なんとか霊言集といったものと同じ世界になってしまうのではないか、出来たらこんな人達の名前は書きたくないし、いわゆる話の終りに出てくるサインというものはしたくない、と強く思ったのです。ことにこのような、誰の目に触れるともしれない「書物」といったものの中には書きたくないので、出来たら頭文字だけにしたらどうかしら、とも思いました。

でもいま読み返してみますと、話の内容が内容だけに、やはりサイン名をはっきりさせないと、かえって不自然になってしまうことに気付きました。ですからこれから先、出てくる名前、サインなどはすべてそのままでいくことにしました。

長い歴史の中に現れたさまざまな人達の名前を使って、ひとつの物語が構成されていると考えて下さると良いのです。たぶん私の夢の世界のことなのです。

ノートの性格上、記しました内容のすべてをそのままというわけにもまいりません。

二　適宜《てきぎ》、割愛《かつあい》しながらやってまいりたいと思います。

一九八八年
四月九日(土)　あなたの意のおもむくままに

＊いったいどのようにしたら良いのか、教えて下さい。

はい、あなたの意のおもむくままに書いてみると良いのです。あまりあせらないことです。今朝はきっとショックだったと思いますが、いかがでしたか、私の声は。とても素的でしたでしょう？　あなたに聞かせてあげたいと思いましたよ。

あなたは、どうしたらいろんなことが解るようになるのかを、いつもいつも求めていました。長い間のその想いが、いまあなたに現わされることになりました。何もおそれることはありません。思いのままに書いてみると良いのです。

今日はこれ位でいいですか？　それともまだ書いてみますか？　いろいろと知りたいこと、書いてみたいことが沢山あるかもしれませんが、こうしてペンをとることが出来たのです、あせらないで、徐々にあきらかにしてまいりましょう。

いまここまで書いてきたことを、少し疑っていますね。そうかもしれません。少し、現実のあなたが知らないことをここに書きあらわしてみれば、少しは本気にするのでしょうけれど、そんなことは、いま必要なこととは思いません。大事なことは、この前も夢の中で知らせましたように、証《あかし》を求めずに信ずることなのです。

これから先、いつもあなたが求め続けてきたさまざまな神の世界のことを私達は話してまいります。本当は、もうすでに知っていることばかりなのです。ほら、もうここで終りです。

あいしています　いえす

四月十日（日）　夕べは信じられないようなことが

＊おはようございます。夕べは信じられないようなことが、本当に起きたのですね。
はい、本当に起きたのです。夕べはひと晩中まんじりともせず、私達との対話を続けていましたね。

いかがですか、今朝のご気分は。あなたは昨日の朝聞いた私の母の声にこだわっていました。

ですから、当然私の母がノートを通して語りかけてくるものと思っていました。初めの方は少しそうだったことがおわかりでしょう？

私達は決して空間的に制約を受けるものではありませんが、いま彼女は他の者の担当をしています。母はいましばらく先になってから、あなたには現れるでしょう。

さてあなたのように、ごく日常的に地域の中で暮している、いわばただのおばさんといった人のなかにこうしたことが現わされ、人々に伝えられていくようになれば、それは一番良い形ではないかと私達は考えています。

何か特別の儀式をしたり、特別のそれらしい人がこのようなことが出来るのではなく、昨日も今日も、そして明日も、ほら、こんなに親しくまわりの人達とおつきあい出来ているただのおばさんが、私達の素晴らしいメッセージを何気なく伝えていく、そんなことをぜひやっていきたいのです。そのために私達は、あなたとお話しすることに致しました。

ここまで書いてきて、どうですか。少しは今日の方が書きやすいのではないでしょうか。昨日は、私達の想いはもっとたどたどしい、たとえば、外人さんが日本語を使いながら伝えているような、そんなぎこちない感じがあったと思います。しかし、今日はほとんど一体になっていて、全然違和感はないのではありませんか？　私達もずっと楽に話せます。

＊私達とは、いったい誰方《どなた》なのでしょうか。
はい、私達とは、前にも話しましたように、いわば天の国の者達のことです。いろいろの仲間達がいるのです。

＊これから、私の友達の所に行って、話してみようと思いますが……。
はい、それはとても良い考えです。

このようなことは、やはり誰でもがすぐに受け入れられることではないでしょう。心の準備が出来ないまま、つまり神とは何かとか、たとえば私のことや、母マリアのことなどに対する信を持たないままに、いたずらに現象のみを追いかける人々も沢山います。

逆に、このような現象（超常的な、という意味です）に少しも興味を持っていなかったのに、すんなりとこれらのことを受け止められる方々も沢山います。

善き人になるために神を求めるのではなく、あるがままの自分をよく見つめ、あるがままの他の人々もよく認め合うためにこそ、私達を、そして神を求めて欲しいと思います。

あいしています　いえす

四月十一日（月）　今朝もまた昨日のように

＊おはようございます。私は、今朝もまた昨日のようにちゃんと書けるのかどうか……と思っています。
はい、もちろんです。昨日、あんなに沢山書けたではありませんか。今日もやってみると良いのです。まず、何か聞きたいことを心にイメージしてみて下さい。そうすれば、私達は必要な答えをしてまいります。
＊いま人々の中に、たとえば原発のことや、核兵器のこと、そして例の終末論などで、暗いイメージがはてしなく広がっていますが……。
はいその通りです。でもあなたの中には、それに対しての答えはすでにすべて用意されているとは思いませんか。たとえば、この前のホピの映画の上映会の時のことを考えてごらんなさい。人々は、以前のあなたがそうでありましたように、あまりの世の不条理の前で、こんなこと

ならもういつ終末が来ても仕方がない、とあきらめてしまうタイプの人達や、どうせこんな世の中なんだから、面白おかしくやればいい、と投げ出すタイプの人達がいます。どちらにしても、投げ出すということにかわりはありません。それでは、そういうことにしかならないのです。

いずれにしましても、あまりに現世的といいますか、目の前に見える世界だけで物ごとを判断しすぎているのです。それがすべての世界であるかのように錯覚してしまっているように思います。

＊なんだか、今朝は昨日のような確信が持てなくて困ります。これから若いお母さんたちがやってきますが、どうしたものでしょう。

はい、そうですね、そうかもしれません。でも、読み返してみた感じはどうでしょうか。きっと昨日のようなドラマがないからそう感じるのかもしれませんよ。

本来このようなことはごく日常的なことで、あなたの今までの暮しと何ら変るものではないのです。まして、ほとんどの答えを自分の中に持っているわけですから若いお母さんたちには、やはりこの出来ごとを話してみるのも良いと私達は考えています。

あなたは、ずいぶんさまざまな本を通して、私達不可視の世界の者とつながってきていました。いつでもあなたは、私達の中に入ってきたかったのです。

たとえば、エドガー・ケーシーのリーディングを通してかいま見ることの出来る世界、そこには、私達人類の歴史の大基《おおもと》になる何かが伝えられています。

あなたの興味の対象は、個々の人々の個人的な歴史ではなく、この宇宙の成り立ちや、そこから人類がどのようにして派生していまに至ったか、そして、私達の歴史の書であるバイブルの中にさえ書かれていない、もうひとつの私達の歴史のことなどです。

たとえば、私や母の存在、それがたんにバイブルで言われているような問題だけではないこと、私達がこの地球上に存在するようになった時、共に降り立った多くの霊の仲間達のこと、その時すでに、この地上に存在していた他の存在達との関係などに違いないのです。

この、いわば地上に降り立った初期の霊達は、いまもまた、共にこの地球上での歴史と言いますか、学びのときを終えて再び他の星へと旅立とうとしています。そのためにもいまは、さまざまな情報を沢山必要としている時であると言えましょう。

いまあなたは、どうせこの地球をあとにしてしまうなら、何も聖地だのなんだのを守る運動はいらないのではないか、と考えましたね。そうでしょうか。そういうことではないのです。この地上は、たまたま私達の魂のグループがこの学びの間お借りした所なのです。また私達が旅立ったあとに、次なる魂のグループがこの地上で学びを繰り返さなければなりません。ところがどうでしょうか、このありさまは。

もちろん偉大なるこの地球という星は、それなりに自浄作用、いえ自浄力を持っています。最後に何をしたら良いのかは、彼女自身が一番良く知っています。そのことを行い、自らを浄め、他のグループを迎えることは出来るのですが、それで私達は済むのでしょうか。最後の最後まで、この地球という星は出来るだけ健全な姿であることが望ましいのです。

お客さまが来ました。このことはまた後で話しましょう。

あいしています　いえす

四月十二日(火)　途方もない宝の山

*私はいま、途方もない宝の山を目の前に積み上げられたような気がしています。そして、あんまり沢山あるお金や物をどう使って良いかわからない者のような、頼りない感覚にかられているところです。

はい、いまはそうかもしれません。でもすぐに、この宝の山の使い方をあなたは知るようになるでしょう。知るにしたがって、どのようなこともとても素晴らしく美しく見えてくるはずです。すでに今までもそうでした。他の人々よりもなんであれ、同じ物なのに見え方が違っているということに、自分でも時々気付いていたはずです。

それは、ただたんなる解釈の違い、判断の違いといったものではなかったのです。あなた自身の持つ波動、つまりエネルギーの違いが、同じものを見ていても他とは違って見えてしまうのです。

あなたは以前、このような発見をしたことがありました。それは、人の背の高さによって見える世界がまったく異ってしまう、ということです。あのときのあなたは、とても新鮮な驚きの目でこの感覚を楽しみました。

私が先程申し上げたかったことは、このことなのです。一人一人の背の高さが微妙に異るように、その人から出る波動もみな異っています。それによって、感じる世界見る世界が、場合によっては白と黒ほどにも違ってしまうのです。ですから、これからは人と意見が食い違っても、それはいま言う波動の違いによるものだと冷静に見ていけば、あなた自身のものが乱されることはありません。

さてあなたはいま、このことが自分の考えの表現なのか、本当に私達によるメッセージなのか判断しかねていますね。

書いているときは、ほら、まるで貴方自身の考えであるかのように書くべきことが頭の中に湧き出てまいります。ときどき手の方が追いつかない感じを味わっています。出来たら全部ひらがなで書いてしまった方がスピーディにいくのでは、と考えたりもしています。私達のものと、自分自身のものとがなんともいえず不思議な交錯をしています。

普通チャネルする人間は、いわばトランス状態、自分の意識をなくした状態で行うことが多いのです。ですからその間、自分がどういう状態であったか、何を話したかまるで意識していません。ですからあとで、速記されたものや録音されたものを見たり聞たりして何が起きたかを知るわけです。

あなたはこの間、何回もある種の感覚を体験したことと思います。頭、というか、心に浮んだことでも、自分なりに解釈し直して書こうとしますと、筆が止まってしまうか、妙な力の抵抗が働くということです。また、私たちのエネルギーに付いていけなくなりますと、破裂しそうな感覚におそわれてしまいますね。そして、先程からこのノートの罫に対して、ペンの方は斜めに働くような力を示しています。ですから、少し書きづらいのではないですか。ちょっとノートの向きを変えてみてはどうでしょう。

そうです、このようにまっすぐに置くと、先程のような抵抗はずっと少なくなったとは思いませんか。私達はまっすぐ縦の力で話していますが、あなたの方は横文字を書くときのように、ノートを斜めに置いていました。ほんのちょっとしたことなのですが、それが原因だったのです。

先程の話の続きに戻りますが、それではなぜあなたがこんなにも正常、といいますか、日常的な状態のまま、たとえば瞑想をしたり、暗示をかけたり、何も始めるための合図さえしないのに、ノートにペンを置きさえすれば、このように私達の言葉をチャネルすることが出来るのかを述べたいと思います。

それは、もはやあなたは、そのようなことのための自己暗示をかける必要のない程に、波動が微小になってきているからなのです。つまり、私達とほとんど一体化してしまっているのです。そのように驚くほどのことでもありません。なぜなら、どんな立場にいる人達でも、いずれこのような状態になるからなのです。

さて、こうして書いてきたものを読み返してみましょう。そうしますと、いかにもあなた自身の考えであったかのようなものが、実はそうではなく、やはり人の言葉を読む、という感覚がつかめると思います。

あなたはもともと書くことが好きですし、いくら書いても疲れないだけの力を持っていますから私達の方も楽なのです。少しやりすぎかな、という気がしながらも、こうして話しを続けていくことが出来るのです。

それともうひとつ。いつでもノートの切りの良い所で終っているのに気付いていますね。もちろん私達が意識してやっていることですが、あなた自身の習性でもありますね。

さて、これから先のことですが、このように書くことになった自分をどう生かしていくか、というテーマがあると思います。もちろん私達は、あなたの質問にそって答えを出していくつもりでいますが、それ以前に、私達の方でぜひ伝えたいことが沢山あってこういうことになった、ということを理解して下さい。

それはもちろん、あなたがいつかは、と願い続けてきたことでもあります。ですから、あなたもきっと喜んで協力して下さるに違いありませんね。

さていままでは私、イエスが伝えてまいりましたが、人が代ると言いますことがどういうことか知るために、今度は母マリアに代ってみます。いいですね。


はい、私はまりあです。いま、しばらく筆が止まってしまいました。それは、ほら、また同じ現象が起きました。それはあなたの心の中に、ほんとかな？　という不信の思いが生じたからです。いま姿が見えていませんので、本当に人、いえ、私達が代ったのかどうかはあなたにはわかりません。私といえすさまはほとんど同じ波調ですから、代っても特別の変化はないと思います。

さて、いま、ちょっとその写真の上から紙をどけて下さい。前に五十嵐さんからいただいた、アンデスペルーの写真があります。なぜいまそこにその写真があるのか、わかりますか？　先程あなたは、向うの棚の前でその写真をみて、ふっとなぜ？　と疑問を持ちました。どこから出てきたのかしら？　と。

そうです、その写真の中の遺跡は、その昔、あなたも確かに住んでいたことのある街並みなのです。

前に見た素晴らしいビジョンは、このあたりの一つの風景です。そこで何を見、何を考え、どのような人生を送っていたかは、いずれあなた自身で想い出す日がまいります。

この写真が、いまあなたの手元にありますのは偶然のことではありません。シャーリーも書いていましたように、このアンデスのエネルギーにつながるあなた方は、自分でもほとんど気付いていないのでしょうが、そのやさしさの秘め持つ力で、世の中を大きく変えていこうとしています。いま人々は、やさしさの持つ大きな力に少しずつ気付き始めています。一緒にやってまいりましょうね。

まりあ

だいぶ夜もふけてまいりました。もう今夜は私で終りにいたしましょう。さあ、私は誰だかわかりますか？

そうです、あなたは先程から、たぶん、ふらんしすに違いないと感じとっていました。まりあさまは、いまほんとにお忙しい毎日なのですよ。あのお話にもありましたように、女性の秘め持つ力を、どのように人々に気付いてもらえるかと心をくだいておいでです。

いままでの女性運動は、自分たちの特性を活かすよりも、男女の差別をなくし、男なみに仕事をし、男なみに扱ってほしいと力んでまいりました。そして女性は、本当に幸せになったでしょうか。

いまあなたが頑張っています白保の運動の中などでも、何人かの女性たちのある種の感覚が、大きくことを動かしていることに気付いているでしょう。その側《そば》にいる、いままでのパターンを抜けきれない男性たちが目を白黒させながら、なんとかあなた達の自由にはさせまい、ときまいていいます。

では、今夜はこれくらいにいたしましょう。ノートはまだ少し残っていますけれど、あなたの目の方が、もうすっかりふさがりかかっていますからね。

大丈夫、明日はもっともっと楽に書けるようになります。そして、一日一日と自分の考えと混線状態になってしまうことがなくなってまいります。そうしますと、あなたの思考をもっと自由に使うことが出来るようになるでしょう。

なんとまあ、丁度になりましたよ。おやすみなさい。
あいしていますよ　ふらんしす

四月十三日（水）　今日はとても忙しい一日

＊こんばんは。今日はとても忙しい一日でした。終日気になりながら、何も出来ませんでした。
ところで私達は、あなたに他にもまだ伝えたいことがあります。それは、やはり神の国のことです。神の国といっても、何もどこか特別にそのような国があるわけではありません。それはあなた方の心の中に在ることを、あなた方はもうすでによく知っています。

でも人々は、そのような表現ではまだしっくり受け止めきれないものを沢山持っています。神の国は、やはりどこか天の彼方にあった方が人々の心にかなっているようです。そして天使達がいて、その御使《みつか》いが私達を導き守って下さっているというスタイルは、やはり不滅のもののように思います。

さて天使といえば、あなたのなかには、いつぞやのミカエル天使達の話が甦ってくることと思います。そうです、あなたの娘さんに、直接現れたり、このような形の自動書記で伝えた時のものをあなたは良く覚えていますね。

その後に得た、と言いますか、学んだことにより、この宇宙にはもはや善なるものもそして悪なるものも存在せず、それらはすべて、私達人間の思考の中で生み出されたものである、と言うことを知りました。

しかし、それならなぜあの時、あのような形で天使があなた達の前に現れたのか、そのことの説明がつかない、とあなたは思っていました。魂の本質で理解していることと、現実にあらわれた現象のことがあなたの心の中で去来していますし、知りたいと思っています。

バイブルや、その他さまざまな出来ごとの中で、天使の話はまことによくあらわれてまいりますが、その実態を本当によく話すことの出来る人はあまりいないのです。そしていまあなたも、結局のところ善と悪の表現のように、それを擬人化したものが天使と悪魔であると考えています。でも実際は私達人間の世界から、善なるもの、悪なるものの概念が消え去る日まで、天使達は存在し続けますし、ベルゼブルもまた在り続けるのです。それは丁度、あのミヒャエル・エンデの物語の世界の成り立ちと同じことなのです。人のイメージする世界がそこに存在し続けることを、あなた方はよくよく心に留めていただきたいと思います。

ですから以前私達は、あなた方に私達のメッセージを伝えるために天使の姿を借りました。それはまた、まぎれもなく至高なる者の姿でもあります。

その時のミカエル天使も、ガブリエル天使も、そして他の多くの天使達も、いまはまだまぎれもなく存在し続けています。一度、お話しをしてみてはいかがでしょうか？

はい、私はあなたがすでによくご存知の、ミカエルです。私について、あなたはずいぶんいろいろなことを考えてまいりました。近ごろは、むしろ私の存在を疑うと言いますよりは、無視しようとさえいたしました。なぜなら、そのようなことを信じるのは、神の本質を疑うことになると思い始めたからに他なりません。一挙に、善も悪も、そして私達をも無きものにしようと努力しているのです。

それもまた致し方のない事ではありますが、いましばらくの間は、まだ私達の存在を信じてほしいと願っております。まだまだ私達には、なすべきことが沢山残されております。

人々の一度つくり出したイメージと言いますものは、なかなか消えるものではありません。このような私達の存在もまた、神の大いなる計画のひとつでもあります。そしてベルゼブルこそ、そのもっとも大きく大事な役割を担った者であることを、あなたはすでに正しく受け止めて下さっています。

これからそれらのこと、つまり、彼を通して神が何を意図されたかが、人々の前にあきらかにされていくことになりましょう。それはすでに、幼かった頃の娘さんのイメージや口を通してあなたにはよくお伝えしてありますね。そのことを、あなたは大事に受け止めてきて下さいました。感謝しています。

どうぞ、私達がまだ確かに存在する者でありますことを信じて、心にイメージしてみて下さい。もしお疲れでなかったら、もう一人の天使、ガブリエルにかわります。


はい、私はいつでもあなた方と共にある、ガブリエルでございます。いまから二千年もの昔、私は聖書にも記されていますように、あの頃地上に生を受けていらしたまりあさまの前に、素晴らしい素晴らしい神の御子のお生れになることを告げるため、現れたものでございます。

あの頃のあなた方は、何の疑いもさしはさまず、まことにそのことのためにご自分達がこの世に生を受けたことを信じておいででした。それはなんたる素晴らしい信でありましたでしょうか。私達でさえ驚嘆いたした位のものでございました。

その頃の素直な心が、いままたこの時代にその力を発揮しようとしていますことを、どうぞ自覚して下さいますようにと、私はいまここにお願いしております。

それは、先程ミカエル天使も申し上げました通りのことでございます。人々の忌み嫌うサタン、ベルゼブルこそは、最も偉大な天使であったということでございます。

このことにつきましては、また近いうちに神御自身の手によって、あなた方の前にあきらかにされることと思います。

大変遅くまで申し訳ございませんでした。このごろは、あなたの日常生活のパターンが少し狂ってしまったかにみえますが、どうぞ安心して、私達におまかせ下さい。そして、どうぞいつも私達の存在をイメージしていて下さいますようにお願い致します。

がぶりえる
さて、そろそろこのページも終りに近づきました。今夜のことはどのようにあなたの心に感じとられたでしょうか。どうぞ、今夜はもうおやすみなさい。

あいしています　いえす

四月十四日（木）　先程から考えていること

＊おはようございます。私が先程から考えていることについてはいかがでしょうか。
はい、その通りです。つまり、いまあなたが考えていますように、あなた方の中から天使や悪魔のイメージが消えるときがいつかはまいります。

しかしこれらのことは、すべて神の計らいの中で生れ、人々によってイメージされ続けてまいりました。そのことを通して、実に多くの人々がさまざまな出来ごとを学んでもまいりました。

私や母まりあの物語、そしてその祖先につながる多くの人々の上に、天使はまことに神の御使いとして、いつもいつも現わされてきている存在でありました。私や母まりあ、そしてあたの大好きなふらんしす、そして仏陀などの存在はあるけれど、天使はないものとすることは出来ないのです。いつも一対のものとして物語られていることからみても、おわかりいただけると思います。

いずれ私達が、みな同じひとつのもの、ひとつのエネルギーに同化してしまったとき、すべてが消え失せます。私もあなたもなくなり、ただひとつのものとして「在る」、だけのものとなるでしょう。

しかし、口で言うのはまことにたやすいことです。ごらんなさい、この地球上の実に多くの人々の群れを。みな、まだまださまざまな宗教のもとに生活をし、さまざまなイデオロギーの中で己れを見失っています。

これらの違いを正し、ひとつの存在者である神自身を己れの中に見い出すことの難しさは、あなた方の予想以上のものがあります。このような言い方をしたからと言ってめげないで下さい。辿り着くべき答えははっきりしているのですから。

私達はいま、このように個々の霊として存在し、あなた方に語りかけています。あなた方のように、肉体にとじこめられている存在と異り、時空に縛られもせず、こうしてあなたに現れると同時に他の方のところにも現れることが出来るという、広がりそのものの存在としてあるのです。

それでも確かに私は私らしい、仏陀は仏陀らしい特性を持って存在しています。それは、そのように生きた過去世を現しているからなのです。しかし、私達の霊は、それ以外の過去世も持っています。持ってはいますが、いま申しました人生が、なかでも一番大きな役割を果たしたものでありましたので、ほとんどいえすとして、仏陀としての表現で話すことが、あなた方にはわかりやすいからなのです。

よく、西洋の神さまと日本の神さまの違いを話される方がいます。もともとそのような違いはありませんが、私と仏陀の特性が異りますように、より多くこの日本の地で人々とのかかわりを持ったグループとしての違い、特性はあります。私と仏陀は同じグループであるにもかかわらず、このように異るものを持っておりますように、その土地柄による違いと言いますものは、まぎれもなくあるのです。

いま、日本の神々の跡を尋ね歩いている人達もいますが、それは、まだその地上的な意識から抜けきれない部分を持っているために、それらの行いを通して自分を捜しています。

そして私達は、また少しずつ成長してまいります。しかし、いままでの転生はそれでもよかったと言えましょうが、これからはいま少し考えていかなければなりません。

これ以上私達は、この地球という星の上に存在し続けることは出来ないからなのです。なぜなら、この地球自体の持つエネルギー、波動が大きく変りはじめているからなのです。

それだけ人々の持つバイブレーションは、きめ細やかになってきつつあると言えるのですが、あなた方はまだそのことに気付かずに、なりふりかまわぬ破壊に次ぐ破壊をやめようと致しません。そのことがなおいっそう、この星のバイブレーションを荒げているのです。そのことから来るひずみは、さらなるひずみを生み続けています。

なぜこのように、人々は気付かないのでしょうか。それは、善と悪の相対の世界の中だけで物ごとを見ていることによりましょう。そのような中だけで自分も他人も見ようとしているからに他なりません。

その最たるものが、昨夜も話しましたサタン、ベルゼブルの話でもありましょう。彼は、その、身の毛もよだつような分の悪い役割を自ら担い、天の国をあとに致しました。それからのち、私達人間の心に生ずるありとあらゆる悪の部分は、すべて彼のものとして位置づけし、そのことによって、人々は自分自身を救ってきたとも言えるのです。

ここで、救うという言葉を私はあえて使いました。なぜ彼によって人々は救われたのかをよく考えてみて下さい。あらゆる悪のすべてのことは、彼の仕業であるということで、人々は救われてきたのです。そして、私はその彼と全く反対の役割を担いました。善きことの救い主として、私は人々の前に立ったのです。人はさまざまな形を通して救われてまいりました。

それゆえに、私達の歴史の中に生きた多くの人々を通し、さまざまな予言の言葉が語られてまいりました。身の毛もよだつネガティヴな部分と、その暗闇のはてに、必ず訪れるはずのポジティヴな部分を合わせ持った予言の数々であります。それが、つまりは神の計画書、シナリオでありました。私達はそれに基づき、この気の遠くなるような時の流れを生きてまいりました。まだまだはてることのない旅路でありますが、いまはまさしく、ひとつのシナリオに基づく幕が降りようとしております。

ちょっとつかれましたね。またあとにいたしましょう。

いえす

四月十五日(金)　書く条件が整っていません

*おはようございます。ゆうべはもうあまりに眠くて、それに、書く条件も整ってはいませんでしたので失礼してしまいました。

はい、昨夜はそのようでしたね。昨日の話は、まだまだあなたには未消化に終ってしまいました。私達の伝え方も少しまずかったかとも思います。しかしあなたの方も少し落ち着きがなさすぎました。あのようなときは、やはりうまくいきません。

さて、昨日の話の続きですが、なぜいま私達があなた方に、まず天使の存在をしっかりイメージして欲しいかについて話していきたいと思います。

では申します。いま急速にあなた方は、善も悪もない、神はあなた方自身ですよ、あなた方が気付きさえすれば、すべての答えはあなた方自身の中にすでにインプットされているのです、という考え方を受け入れつつあります。むしろ、いままであまり神だの仏だのと言わなかった人々には、その方が素直に入っていくことと思います。

いま、アクエリアスの時代に入ると言いますことは、そのことです。つまり科学万能の時代、神などいない、あれは迷信好きな者たちのつくり出した戯言《たわごと》だ、とかなんとか言ってみたり、すべてのことは科学の力で解決できるのだ、と豪語していたような人々にとってはこの方が解りやすいのです。

しかし、昔からとてもデリケートでいつも何かを求め、自然の風物の中に、さまざまな日常的な動きの中にもたえず神や仏の姿、息吹を感じとらずにはいられない人々がいまも沢山いらっしゃることも確かなことでありましょう。

また世界中には、実に多くのクリスチャンと称する方々がいらっしゃいます。もちろんそればかりではありません。インドのヒンズー教や、仏陀による仏教も、さまざまに姿を変えてはいますが、多くの人々の生活の中に根づき、その心の支えになってまいりました。

他にも、とてもここにあげることの出来ないほど多くの宗教やグループが存在いたしますが、それはやはり、人々が心の奥底に秘め持つもの、神の分身としての火種子《ひだね》がその人なりのあり方でくすぶり始めるからに他なりません。やはり、魂の奥底で神を求めてやまないからであると言えましょう。

また人々は、多かれ少なかれ天国地獄とか、天使、天女、そして悪魔、鬼、閻魔大王、そして妖精といった相対的な関係を持つものの世界を知っています。もちろん、それが旧《ふる》いと言うわけではありません。そのような形を通して、神は人々にさまざまな学びの場をお与えになったのですから。

ですから、神の遠大なる計画の中にすべてはあったのです。それを私達はお手伝いいたしました。つまり、相対的な世界の中に、相対的なさまざまな感情の導入までもお手伝いいたしました。

そして、皆がこの地球という大きな舞台を使って長い長いお芝居をしてきたのですね。舞台裏はすべて天の国です。シナリオはすべて、神自身の手になるものです。私達は演出者です。そして、生きとし生けるあらゆる鉱物、植物、空飛ぶ鳥たち、地を這うもの、四つ足で生きる者たち、そうです、すべてのあらゆる存在や存在物たちは、この舞台を盛りあげ、雰囲気をつくり出すための舞台装置です。そして私達人間は役者。ああ、どんなに有能で才能ある作者やシナリオライターでも、これだけバラエティにとんだシナリオを考えることの出来る者が他にいるでしょうか。

こうして皆で力を合わせ、実に大がかりな芝居を打ってまいりました。他の多くの生き物たちの、なんという素直さ、従順さでありましたでしょう。しかし私達人間は、このことが神による芝居であることを忘れました。

いずれまた明かしていくことになりますが、神御自身でさえも、このように多くの物に御自分の姿を創り出し、つまり、これはすべて神の姿の写しと考えて下さるのが良いのです。そのような姿を通して、私達はさまざまな体験の上にさらなる上昇を続けていくことになるのですが、このあたりのことはいまここで申し上げることは控えましょう。

さあ、ここから本当に申し上げたいことが始まろうとしたのですが、あなたはひとと約束したことがあります。のちほどまた始めることに致しましょう。

あいしています　　いえす

＊こんばんは。今日も一日が終りました。この頃やたらに眠くて困ります。もう今夜は休んで明朝にしようかと思ったりしているのですが、とりあえずペンをとりました。

はい、この頃のあなたは相当に調子が狂ってきてしまっています。私達の話を書き止めるために、つい夜の時間を使うことになりますからね。申し訳ないとは思いますが、これはとても大切なことですのでしばらく我慢して下さい。そのうちに慣れて、力の配分と言いますか、自分のエネルギーをコントロール出来るようになります。何気なく書いているようではありますが、それでもやはり異った力を吸収していますので多少疲れることでしょう。でも、日に日にそのギャップが少なくなっていくはずです。

それでは今夜は昼間の続きはやめにして、天使からのメッセージで終りにすることにいたしましょう。


はい、私はミカエルです。私の話しましたこと、そして、なぜ私達をいつまでもイメージしておいていただきたいかというお願いについて、あなたはまことによく理解して下さいました。

夢を見るのは、子供の世界だけのことではありません。希望をいだくのもまたその通りです。

そして、私達の存在は、それらの夢や希望以上のものであることを、お伝えいたします。

昨日話しましたように、私達の偉大な仲間でありましたルシエル天使のこと、つまりは、ベルゼブルとしてしか人々の中には意識されなくなってしまった彼、しかも彼は、神以上の者に自分がなりたいと思うようになったため天の国を追い払われてしまった、ということになっているのですが、そのことが本当はどのような神の意図によるものであったかと言いますことを、いま私達は、初めてあきらかにしようとしているのです。

そのことによって、私達が善なるもの、悪なるものの擬人化された姿ではなく、神の御心の現れそのものであることを知っていただけることと思います。

ルシエルがあえて担ってまいりました役柄を、すべての人々がそうと知った時、彼はもとの偉大なる天使の姿に立ち返ることになるのです。そういたしますと、ここに初めて善と悪との相対の世界が姿を消すことになりましょう。

前に娘さんがよく話しておりました。天国の扉の鍵はルシエル天使が持っている。彼はその鍵を持ったままさまよい歩き、彼が救われる日が訪れないかぎり、ほんとうの天の国の扉は人々の前に開かれることはない。そのことは、まことのことでございます。彼が、彼本来の姿に立ち返るとき、すべての人々の心から悪の概念が消え去り、残るのは神本来の姿のみ、ということになります。彼によって救われてきた人々がまた、彼を救う者となるのです。なぜならば、すべては私達自身の姿であるからなのです。

少し理屈っぽい言いまわしになってしまいましたでしょうか。本当はもう一つの方法、まことにシンプルなやり方があります。それは、あなたがすべてのもの、すべての目に見える現象をただ納得し、それは必要のためにのみ存在するものである、と認めればそれで良いという方法です。

どちらのコースで行くかは、その人その人の問題となりましょう。あなたには、そのどちらをも知っていてほしいし、すでにそのことを知っていることを私達は承知いたしております。

このようにしながら、伝達の訓練をしていると思っていただけるとたすかります。まだまだいろいろなことをお伝えしていかなければなりませんので、今日はこれ位にいたしましょう。やはりどうもはみ出してしまいましたね。おやすみなさい。

みかえる

はい、もう少しのおつきあいをお願いしてもよろしいでしょうか。私はガブリエルでございます。

このように私達が次々と入れかわって話をする、という現象には慣れていただけましたでしょうか。

あなたは先程から、ひとつの考えを出して良いものかどうかと迷っております。それは、このように私達があなたに語りかけることが出来るなら、当の、ルシエル本人との交信はどうなのだろう、という考えでございます。

前に娘さんからお聞きになったことがおありですが、彼の持つエネルギーは、まことに強烈な力ですから、誰にでもはなかなか受け止めることは出来ないのでございます。そうであればこそ、彼はベルゼブルであり得るのです。弱々しく、誰にでもキャッチ出来るような力では、彼の役はとうていこなし得ない、と申し上げましたらおわかりいただけるかと思います。

それでは、明朝を楽しみにいたしております。おやすみなさいませ。

がぶりえる

四月十六日（土）　今朝のご気分はいかが？

おはようございます。今朝のご気分はいかがでございますか。この四月に入りまして、さまざまな出来ごと、さまざまな人々に、大きな変化が起きはじまっていることをお伝えしたいと存じます。その変化のひとつが、いまこのようにして、あなたの上に起きている出来ごとであることは言うまでもありません。

昨日、工藤治子さんがさかんに「百匹めの猿」のお話をなさっておいででした。また、山川さんがひとつの実験として体験した、マッチ棒のゲームの話がございます。つまり、一人、また一人と目覚めの朝を迎える人々が増えてまいりますと、ある朝気付いた時には、すべての人々の中に大いなる覚醒の輪が出来あがっている、という出来ごとのことでございます。

何も難しい理屈はいらないのでございます。最近はあまり口にはされませんけれど、あなたの御主人さまが昔よく申されておりました。世界の平和を願うなら、まずお隣りの人と仲良くすることだよ、と。それ以外の方法は、何ひとつございません。お隣りとは、いえすの申しております隣人愛ということとまったく同じ意味であることは言うまでもございません。あなた方と関るすべての人々は、つまりはお隣りの人々でございます。

よく、袖すり合うも「たしょう」の縁、ということを申します。この言葉の「たしょう」とは、多い少ないのたしょうではございません。この人間の長い歴史の中における他生《たしょう》での縁、つまりは他の過去世のいずこかにあって、縁があった人々ということでございます。そうした人々がまた今生でもこのようにして、自分の過去で学び残したものの学びのために、この地上に共にあると言いますことを、ぜひ皆さまには自覚していただきたいのでございます。

そして、すべては役まわり、つまりいまある姿はひとつの役として選びとってきた姿である、と言いますことを知っていただきたいのでございます。ですから、この世で受けております富も地位も権力も、すべては一時的な預かりものであり、なにひとつ皆さまにとって本当に必要なものはございません。

他の生き物たちの姿を見ていただければ、それらのこと、私が申し上げましたことの意味はよくお解りいただけることと思います。すべては神のおぼしめしのままに、あるがままの姿をいたしております。多くもなく、少なくもなく、季節の移り変りのままに、何の思いわずらうこともなく生きる姿の中に、私達の本当に学ぶべき姿がございます。

しかしそのように申しましても、現実にはありとあらゆる物や権力が、私達の前には形として現れ氾濫いたしております。でもそこから少し目を離し、先程から申し上げました他の生き物たちの姿に目を止める、そのような、心の余裕を持っていただくことが出来ますならば、それらはまるで、もともと無かったもののごとくすっと消えてしまう質《たち》のものでございます。

これらのことがらは、あまりにも単純な話でございますから、自分ではよく承知していると誰方《どなた》も思いがちなのでございます。しかし、知っていると言いますことと、実際に行う、と言いますこととの違いは、まさに天と地ほどの差を生み出してまいります。皆さま方には、よくよく心に留めていただきたいのでございます。

言葉の多い者ほど、そのことの罠に気付かずに終ってしまうことがございます。何ごとも理屈で表現し、解決しようといたしますと、そのようにややこしい世界が、そのまわりにひとつの形となってまいります。どうぞ時々目をつむり、言葉を収め、ほんとうに大切なことが何であるのかを心にイメージしてみて下さいませ。それがすべて、あなた方の世界となって現れてまいります。

がぶりえる

四月十七日（日）　今日は花ぐもり

＊おはようございます。今日は花ぐもりとでもいいましょうか、そんなお天気です。
はい、おはようございます。今朝はまだ、あなたの思考があまりよく目覚めてはいませんが、いいでしょう。また少しお話し致しましょう。

ずっと以前に、あなたのお友達が「私わからなくなるのよ。なんで神さまがいらっしゃるのなら、世の中にこんなに悪いこと、不公平が沢山あるんだろう」と話していたことについてです。

このような考え方は、何もあの方だけではなく、一時はあなた自身もそうでしたし、多くの人々が一度や二度はそのようなことを口ばしりがちなことなのです。

それは人々の習性として、善きことのみに於て神を想うからです。神さまはけして悪いことはなさらない、良いことのみ司るお方である、と考えてしまっているのです。しかしまた、心のどこかでこの世、この地球、この宇宙の存在は、すべて神の手によるものである、ということも知っていると言いますか、感じとっているのですが、そのことと生活の中、社会的な動きの中で起きる現象とは、まったく別なものとしてしか受け止めきれていないのですね。その時点でその人々にとって神は絶対的な存在者ではなく、なにか架空の人物、架空の存在者になってしまっているのではないでしょうか。

しかし、この世界のすべてを創り、司るものとして神を見るならば、善なるもの、悪なるもの、そして日常的に起きるすべてのことがらは何ひとつ神の息吹のかからないものはなく、神の存在物以外の何ものでもないことを知るはずなのです。

しかし、それが何故出来ないかと申しますと、あまりにも長い間、この世に現れる悪しきことがらはすべて悪魔の仕業、ということにしてきてしまい、その習性を私達の思考の中から取り除くことがなかなか出来なくなってしまっているのです。

善きことは神のもの、悪しきことは悪魔のもの、といった二元的な考え方は、もうそろそろ人々の中から拭いさるべきときに至りました。そのことが先日来あなたに申し上げてまいりました、天使達の物語であったのですね。

日本、と言いますか、東洋にはもともと生れ変り、輪廻転生という考え方、思想は根強くありましたが、特に仏教では人から人への転生ではなく、人から動物、動物から人への転生の考え方が、大きく占められていたと思います。でも、それは例え話といいますか、お坊さまが衆生にお話をする時の方便、としての捉え方をする人が多いのではないかと思います。

そのことは、大人が子供達を躾けようとする時の言葉の中によく表わされています。ほら、あなた自身よく言われもしましたし、子供さん達にもよく申しました、「ごはんを食べてすぐ横になると、今度生れてくるときは牛になってしまうよ」といったようなことなのです。

もちろん宇宙の大きな営みの中で、動物から人へ、といった進化というものはなくはありませんが、いま申しましたような形での転生というものはありません。人は人へ、他の生き物たちも、その種のあり方にそって次々と新しい生命をつないでまいります。なかには突然変異といった現象も生じますが、まあそれは、いわば神のいたずらとでも考えていただけば良いと思います。

さて、話はずいぶん横道にそれてまいりました。なぜ神がいるのなら、こんなにも世の中に悪いことが絶えないのか、不公平な出来事ばかりが起きるのか、ということに話を戻しましょう。

あなたはいま、ふと、そういえばもう一人のお友達も同じようなことを言っていたと思い出しました。その時あなたは、実に明解に答えを出し彼女を納得させてしまいました。

あのときは彼女から見て、人間的に非常に悪いと見える人がとてもお金持ちだったり、すごい家に住んでいたり、権力ある地位にあったりすることがどうも納得いかない、あんなの、どこで辻褄を合わせるんでしょうね、という話でした。

そして、あなたの答え方はこうでした。つまりそれは、彼女自身の問題ではないかということでした。彼女にとって、この世で何が価値あるものであるのか、価値あるものであると見るかによって辻褄合わせはなされていく、ということです。いまの彼女にとってはお金とか、知名度、権力といったものが価値があるものとして見えているわけですから、とても人間的に良い人と思えない人がそのようなものを合わせ持っているという現実が、とても不公平で納得いかないと言うわけなのでした。

でも、それらのことを価値あるものとみなさない人にとっては、彼らがいくらお金を持っていようと、どのような豪邸に住んでいようと何程のことでもないわけです。かえってじゃまではないか、と思う位が関の山ということにもなってまいります。

アッシジでのセント・フランシスに伴う人々は、清貧こそは神の御心にかなう最大の道、最高のものとし、自分の持ち物はあの雀色の僧服とサンダルのみといたしました。

それがそのまま、今に通用するわけでもありませんし、人々の考え方も大きく変化してまいりました。生活様式はなおさらのことで、すべてが合理的に便利になり、物質的な豊かさは、目にあまるほどの様相を呈してまいりました。その中で、自分自身を見失わずに生活するということで言えば、むしろ現代の方がどれほど難しいことかと思います。

そこで彼女のような素朴な疑問が出てくるのは、無理のないことのように思われます。しかしちょっと視点を変えてみるアドバイスを致しますと、すっと、いとも簡単に解ってしまう、そのような下地を持った人々がこれからはどんどん増えていくと思います。

なぜこんなにもこの世の中には不公平なことが起きるのか、ということについては、見るがわの姿勢の問題で解決出来てしまいますが、逆に自分のことをいつでも世の中の不公平の犠牲者だと考えている人々もおります。そのような人にはどう話していくのが良いでしょうか。今度はそのことを考えてみたいと思います。

自分はこんなにも誠実に生活し、生きようとしているのに、なぜ自分はいつもこんなに貧しく、不幸な出来ごとにばかり出逢うのだろうという人にとっても、やはりそのことの答えはすべて貴方自身の中にあるのですよ、ということです。

よく聖書の中に、「蒔いた種子は刈らねばならぬ」という言葉が出てまいりますが、その意味は、種子とは原因であり、刈りとるとはその結果生じたあらゆる現象に否応なく対応せざるを得ない、その種子を蒔いた人自身ですよ、ということです。決して他の人が刈りとることもなく、刈りとることをお願いすることも出来ないのです。

しかし、麦とか野菜とか米といった植物の場合は、その人の一生の中で何回でも刈りとることが出来ますが、一人の人の生きる姿勢によって生じてしまった原因は、その人の、その時の生だけでは解決出来ない質のものが沢山あります。ですから、その生では刈りとらぬまま次の生に持ち越してしまいますが、次に生れ出たときは、自分が前世でつくり出してしまった原因を忘れてしまい、結果の部分だけで自分を見ることになってしまいがちなのです。

もしこれらのこと、つまり人が一回だけの生ではなく、何回もこの世に生を受けてさまざまな人生を体験し、その因をつくり、結果を刈りとっているのだということを自覚したとき、もっともっと広い視野で自分自身に起きるさまざまな出来ごとを見ていくことが出来るようになるのです。そう致しますと、どんなにつらく大変な出来ごとにも、いったいこれはなぜ？と、ワンクッション置いてみることが出来るのではないでしょうか。

そのような見方が出来るようになりますと、もう決して人を恨んだり、世の中のせいにしたり、社会が悪いといきまいたりすることはなくなるのではないでしょうか。どんなに第三者的な悪い出来ごとであっても、それもまた、こうして同じ空間を共有し、つまり同じ時空を共に生きる私達一人一人の問題であり、責任であるということに気付いていくことになることと思います。

こうして一人一人が、自分の中から世の中に向けての怒りや不満、不安や悲しみの想念をなくしてまいりますと、それはつまり、宇宙全体からもそのような波動が消えていくことになります。そうしますと、社会全体がなんとなく落ち着いて、今度は逆に、幸せな波動によって充たされていくことになりますね。

どのように残酷で、過酷に見える出来ごとの中にも、それはそれなりの訳があるのだと落ち着いて考えてみて下さるといいのではないでしょうか。起きた現象に即座に振りまわされているうちは、それはそれで仕方のないことです。それもまたあなた自身の姿なのですから、そういう自分を受け止めてまいりましょう。

あいしています　　いえす

こんばんは。もう十二時を過ぎてしまいましたね。私の出番はもうないのでは、と思いながらいましたよ。

今日のあなたへのお話は、少し長かったですねえ。とても簡単で日常的なことなのですが、実はとても大切なことがらでありました。

このようにいろいろ書いてまいりますと、私達のまわりの世界は、なんとまあ多くの教えに満ち充ちていることかと、あなたはいまさらながら驚嘆いたしております。自分ではもうとっくの昔に忘れてしまったような、何気なく交わしたお友達とのやりとりの中に、とても大事なことの鍵が隠されていた、ということはよくあることなのです。

私達は、いまはあなたが思考できる範囲で話をし、伝えたいことを表現しているつもりでいます。

ここでまた、あなたの思考の領域がぐっと広がってまいりますと、もっともっと広範なことをお伝えすることになってまいりますが、とりあえずは誰でも、どこでも、どんな状態にあってもやっていくことの出来る、簡単な方法をお伝えしていくことに重点を置きたいと考えているのです。

それらはあまりにも日常的なことがらですから、時にはなんだこれは、はたして自分の考えなのか伝えられたものなのかと、解らなくなってしまうかもしれません。本当はそれでいいのですけれどね。

ですから、昨日まで話してまいりました天使の話は、聞く人によっては奇想天外で、すぐには受け入れがたい内容となってしまっています。

私達はいま、あまり系統立てて話をしていませんから、このノートの中味はあちこち前後していくことになると思います。でも、活字になった読み物ではありませんから、いまはあなたの心に、すとんと落ちるものであればそれでよろしいわけです。

はい、それではこのあたりで。おやすみなさい。
あいしていますよ　ふらんしす

四月十九日（火）　おだやかな良い日

＊おはようございます。今日は久々に、まだ一歩も家を出てはいません。このようなことは珍しいのですが、午後にはどのようなことになりますやら。
はい、今日はおだやかな良い日となりました。こんな日に恵まれますと、いったい世の中のどこで本当に悪いことが起きているのだろうと、不思議な思いになることでしょう。

いまこのような空間は、とても大切な空間です。しかし、この同じ時空の中に実にさまざまな出来ごとが、人間の生活に伴うさまざまなドラマが同時展開されていることは言うまでもありません。ある者は安らぎ、ある者は闘い、ある者は怒り、ある者は悲しみの涙を落していま す。なんとさまざまな人間の感情表現でありましょうか。

このような表現の中で、人はつい出口を見失いがちになってしまいます。何に対する出口と申したら良いでしょうか。もちろん、神に向う出口のことであります。喜びにつけ、悲しみにつけ神を想う。いつの頃からか人々はそのような心の習性を見失ってしまいました。神などなくても、世の中はほらこんなに自由に展開しているではないかと考え、口に出す者もどんなに多くなっていることでしょうか。

もちろん、このような現象はいまに始まったことではありません。さして驚くようなことがらではありませんが、このことについて今日は少し考えてみたらどうでしょう。

そうです、貴方のまわりに居る人々の中で、本当に神も仏もない、ありはしないのだと言い切れる人がはたしてどれだけ居るでしょうか。たとえどのような言い方をする人がいても、最低限のところで神という言葉を知らない者はおりません。

イデオロギーの関係で、神とか宗教を受け入れない建前になっている人でさえも、なんとなくお寺参り、お宮参りをしてしまっているはずです。そのような人が、いえこれは信心のためではありません、と言ったところで、そこにそれらの建造物が存在するということは、いまは遠き歴史の中に生きた人々の、なみなみならぬ信仰心の現れなのですから、それを否定することは出来ないことです。また、自分の縁につながる人々の信仰心までをも否定することは出来ませんし、許されることではありません。

どのように世の中が便利になり、文明的になろうとも、人々の心の中から神につながるもの、仏につながるものを捨て去ることは出来ないのです。なぜなら、人は誰であろうと辛いこと、悲しいこと、そして苦しみの極限に至ったとき、必ず、たとえ無意識の中であろうとも、神を求めずにはいられないからなのです。

そのような状態に至ったことのない者には、理解し得ないことがらかもしれませんが、たとえそれが母や近しい者の名であったとしましても、その奥には必ず、己れを救う全き者としての神の姿を意識しようとしています。なぜなら、この宇宙を構成するもの、司るものは、神以外の何ものでもあり得ないからですし、自分もまたその大いなる一部であることを、人は忘れているかに見えているだけなのです。

人は、無であるものを意識することも、想像することも出来ません。なんであれ、あなた方が想像するもの思考し得るものは、それがどのように奇想天外、荒唐無稽であったとしても、それは必ずどこかにすでに存在しているものであることを知って下さい。すべてそれらは神の計らいの中に於て、すでに存在する事象物であることを、あなた方はよくよく知る必要があります。

もちろんそれは、物だけのことではありません。目に見えない物の考え方、空想、希望、喜び、悲しみ、怒り、苦しみ、絶望などさまざまな感情がありますが、それらもまた、神の中に於てすでに存在するものでありますから、その時その時の人の感情は、その人の中に於て発生した時、即座にそのような情念の世界へとつながってまいります。

そうした感情は、ひとつの波動形態によって表現することが出来ます。非常に粗く、強いものから、まことにきめ細かく軽やかなものへと上昇していくことになりますが、私達が生理的に心地良く感じとることの出来ないものは粗く、心地良く感じるものはきめ細やかな波動である、と言って良いでしょう。

そしてまた、人それぞれにそれらの感じ方が違ってまいりますが、今度はそこに、いまひとつ別な問題が存在いたします。それは一人一人、個々の人間が持っている波動、バイブレーションの違いです。ですから、たとえば十人の人がいて、同じ現象の出来ごとに出逢ったと致しますと、そのことへの感じ方はその言葉通り十人十色、ということになります。

非常に腹立たしく感情的になる人もいれば、まるで何ごともなかったようにすっとやり過ごし、何の感情の乱れも生じない人も出てまいります。それは、この十人が見ている（起きている）ことがらは同じでも、そこから出ている波動を、それぞれがどのようなレベルでキャッチするか、と言うことです。その受け止め方、現れ方によって、あなた方はご自分や他の方々の在り方を知ることが出来るのです。

しかし同じ人であっても、別の出来ごとに対しては、今度は先程とは全く異った反応を示すかもしれません。たとえば、腹を立てる、といったひとつの感情を捉えてみましても、どういうことがらに腹が立つのかということです。

私よりあの人の方がお金がある、家がすごい、あんなに広い土地を労せず所有している、といったようなことに対して、無性に腹立たしい感情をむき出しにする人もいるでしょう。また、自分はこんなに大変な仕事をしているのに、ろくな給料ももらえていない。それなのにあいつはなんだ、と腹立たしく感じる人もいるでしょう。またある人は、たとえそれが大きかろうと小さかろうと、どこもかしこも果てしなく繰り広げられる自然破壊の姿に、腹立たしさ、悲しみを感じる人もいるはずです。それらの違いもまた、その人その人の持つバイブレーションの違いによるものです。

このように、ひとつひとつの出来ごとに対して自分がどのような反応を示していくかを観察することによって、自分を知ることが出来るようになります。

でも、人の富や仕事の内容の違い、男女差別といったようなことにいつでも腹を立て、自分の感情を制御出来ないでいる人にとっては、自然界の苦しみを共に苦しむ者の感覚は、とても解りづらいことかもしれません。なんでそんなことが彼を苦しめ、悲しませるのかと首をかしげるばかりかもしれませんが、それでも、そのような人はそのような人で、自分で気が付かないなりに何かに反応してまいります。

また、そのようにきめ細かなバイブレーションを持つ者のそばに居るだけで、何らかの影響を受けずにはいられません。それは昨夜、貴方が話していたサンゴの生態、生理と全く同じことだからです。あの大きなサンゴの群体の中の一本の枝、そして一本の指先にも似たそのひとふしの中に、無数のポリープが存在していますが、その中のたったひとつのポリープが自分をすっかり開き、ひとつの餌をつかみとりますと、それはすぐさま群体全部にゆきわたる栄養源になるというあの話です。

そして私達人間もまた、この大地の上でともに生きる、あのポリープのひとつひとつだということです。サンゴの場合、全体の中のたった一個や二個が開くだけということはありません。条件が整いさえしますと、よっぽどのことがない限り、群体全部のポリープが自分を最大限に開かせ餌をつかみとっていきますが、人間の場合はなかなかそうはまいりません。いつの頃からか自分を閉ざし、心を閉ざし、餌を共有するどころか他を寄せつけない暮しぶり、生き方があたりまえのことになってしまいました。たまさか何もかもを解放している者に出逢うと、それが奇異に映ってしまったりいたします。

それでも、たとえ数は少なくても己れを解放し、触手を精いっぱい開ききって生きる者が増えますと、他の人達もサンゴの群体のひとつひとつのポリープとして、ともに大きく育ってまいります。そこにはひとつも落ちこぼれはないのですね。

では、しばらくおやすみにいたしましょう。

あいしています　　いえす

解説　「沖縄県石垣島・白保集落に起きた空港建設問題と、サンゴの生態について」

私はもうずいぶん長い間、沖縄県石垣島・白保集落に起きています「新石垣空港建設問題」に関わってまいりました。世の中にはずいぶん沢山の問題、つまり、いろいろさまざまな地域の自然環境を破壊しながら、人の為に良かれとばかりにあらゆる土木事業、建設問題が起きています。しかしその中でこの白保集落に巻き起っています空港建設問題が、日本国内だけではなく、いまとなりましては国際的な規模で関心を持たれるようになりましたのは、つまり、美しいサンゴ礁の海をとても広域に埋め立て、飛行場が造られようとしているからだと思います。

さて、いまお読みいただいていますこの私の本の中には、私がこの問題に日常的に深く関っています関係で、当然いろんな話題として登場してまいります。ですから、そのあたりのことを少し知っておいていただいた方がいいかもしれないと思い、ある雑誌に書いた文章をご紹介致します。ただ、前の文中（四月十九日）にあります、いわゆるサンゴの生態の具体的な様子はその中にはないのです。それで、そのことを少しここに書き加えてみようと思います。

サンゴ（サンゴ虫）という生き物は、雌雄別々に独立した存在として海の中に生きています。ある春の月夜の晩に、メスのサンゴは一斉にタマゴをはじき出すように産み出します。それはまるで沢山のゴム風船が空に舞い上っていくような光景です、と言えばおわかりいただけるでしょうか。その卵は海の中を漂い始めますが、その時オスのサンゴからも同じように精子が放射され、うまく出逢いますと、「プラヌラ」というプランクトンのようなものになります。そのプラヌラはさらに漂いながら、条件の整った岩場を選びそこに着床し、成長していきます。

プラヌラは、まず初めにひとつのポリープとなります。それはまるで小さな小さないそぎんちゃくのような形のものです。そのポリープの触手を(それは六弁とか八弁あります)を大きく広げて、海中に漂う餌を採るのです。採りながらポリープはふたつに、四つに、八つにとその数を増やしながら育っていきます。その育つ過程で空気中の二酸化炭素を吸収しては酸素にかえていきます。

その沢山に育ったサンゴのポリープは、どのひとつがエサを採ったとしましても、その採ったポリープだけが大きく育つのではなく、サンゴ全体、つまり共同体全部にいきわたり、全体として育っていくということです。ですから前の文中にありますのは、一人の人間の魂が何かに気付き生長致しますと、そのことはその人だけではなく、この地上に在りますすべての存在にも大きく影響していくのですよ、といった意味を持っているのでした。

このサンゴについてのお話は、私の友人でアメリカの海洋生物学者、キャサリン・ミュージックに教えてもらいました。彼女は、このサンゴの生態を『エリセラさんご』(水木桂子・文、和田誠・絵　朔北社)という絵本にとてもやさしく詳しく書いています。

サンゴの意味を知ったならば

(『子ども』一九九〇年八月号(クレヨンハウス))
＊雑誌発行当時の記事に一部加筆訂正し掲載しています。

山田　征

◎やまだ・せい　一九八三年十一月に初めて、美しいサンゴ礁の海を埋め立て造られようとしている、新石垣空港建設問題を知り、それ以来ずっと、このことに関り続けて来ました。つまり白保部落の人達の生活の場であり、ひいては全地球的な環境問題の原点にもなりかねない(私はそう思っています)この海を守ろうと言うわけでした。まだ結論は出ていませんけれど、いつまでも元気なサンゴの海であって欲しいと、心から願っています。

〝魚わくサンゴの海〟そんな言葉が沖縄にはあります。いえこれは、日本の南の島、石垣島の白保部落に新石垣空港建設問題が起きてから生れた言葉なのかもしれません。言ってみれば、白保の美しいサンゴの海を守るための、キャッチフレーズとして生れたような気もしています。でもまぎれもなくその言葉は、事実そのものと言えるのです。生きている健康なサンゴ礁の海は、沢山の魚たちやその他さまざまな生き物たちの産卵と育児の場であるということなのです。

私が白保の空港建設問題に深く関りを持つことになりましたのは、今から七年程前の秋のことでした。それまでの私は、サンゴのことなど何も知らなかったのです。

ある時、一人の女性が美しいサンゴの姿をスライド化したものを持って、私の所にやってきました。「このサンゴの上にコンクリートを流して、新空港が造られようとしているのですよ。なんとかして守りたいのです」というのがその人の言い分でした。

私が観せてもらったその沢山のサンゴたちは、それまで私がイメージしていたものとは、ずいぶん異った姿形をしていました。南の海を知らなかった私は、あのアクセサリーとしてのサンゴしか知らなかったのです。その時写真でみた生きてるサンゴ達の林には、ほんとうに沢山の魚たちが群れていて、まるで遊園地か保育園のように見えました。

「ほんとにこんな美しいサンゴや魚たちを、コンクリートの下敷にしてしまうなんてとんでもないことだわ……」その時の私の想いは、新空港の是否よりもそのことにありました。

それ以後の私は、とにかく自分の生活と想いの全てをかける思いで、この空港建設問題に取り組んでいくことになってしまいました。そして、そのような関りの中から、少しずつ少しずつ海のこと、サンゴのこと、その他沢山の生き物たちとの関り、つまり生態のことなどを知っていくようになったのです。

まず私達の住んでいますこの地球という星、それをとり囲み包んでくれています大気の中にある酸素、いったいそれは誰がどうやってつくったのか、ということなのです。

その大切な酸素をつくり出したのは、それこそはサンゴという生き物だったと言うのです。実際は〝ストロマトライト〟と言う、とても原始的な生物だそうですけれど、それがまだ生れたて、出来たての地球全体に充満していた二酸化炭素を吸収しては、日毎夜毎長い時間をかけて酸素をつくり出していったのです。この地上に酸素が出来たおかげで、私達を含む沢山の植物や生き物たちが、いまこうして存在していると言うことです。

この地球にある陸地のあらゆる所に、元々は海の中のサンゴだったと証明されるものが沢山あるのでした。そうです、サンゴはサンゴ虫という生き物なのです。手や足で歩きまわったりはしませんが、温い水温と清らかな海水のある地域にしか棲むことの出来ない、とてもデリケートなものなのです。そのサンゴは、まるで樹木の枝のように、次々とポリープの数を増しながら育っていきますが、それが大きく固まって、いずれは「サンゴ石灰岩」というものになっていくのです。そして少しずつ少しずつ陸地が出来上っていく、と言うわけです。日本でも、いわゆる南西諸島と言われる南の方の島々は、ほとんどそうした形で生れていったものだと言われています。

ほんとうにサンゴは、私たち人間にとって、いえこの地球そのものにとって、とても重要な役割を担ってきた生き物たちなのです。しかしその生態は、ほとんどの人たちに知られてはいません。サンゴの海に生きる漁師さんたち（沖縄では〝海人《うみんちゅ》〟と言います）だって、そんなことを知っている人はいないのです。学校でも先生たちは、樹木が酸素を大気中に吐き出していることを教えても、サンゴがそれ以上の役割をしているなんて子どもたちに教えてはくれません。もちろん知らないからです。

さて、日本でサンゴの在る地域は、非常に限られていることはご存知のことでしょう。三宅島、小笠原諸島や種子島以南の南の島々に生息してはいますけれど、今となっては、その生きている場所はとても少ないのです。私たち人間の生活様式が、敗戦以後の高度成長、科学文明の発達の中で、とても豊かに便利に変化してしまったことによるものです。

人の生活は便利に快適（？）になりましたけれど、その分川や海はとても汚れ、そこに生息する実に沢山の生物たちの生命が損われ、失われてしまいました。まして、とてもデリケートなあのサンゴたちは、人々の目の届かない海の中で、いつのまにか累々と屍をさらし、死んでいったのです。もちろんまだ生きているサンゴはありますが、その数、生息地は極端に少なくなっていきつつあります。

よく観光ポスター等で見る沖縄の海は、さんさんと照り輝く太陽の光とエメラルド色の美しい海、ときまっていますけれど、海の中ではとても沢山の生き物達の弔いが毎日続いています。なぜなら、サンゴが居なくなってしまえば、そこからまるで湧くようにして生まれていた、沢山の魚や貝や他の生物たちも一緒に棲むところが無くなって死んでしまうからです。

この丸い地球上に生きるありとあらゆる存在、生きとし生けるもの、すべてのものはひとつの鎖状につながっている、と言われています。そのつながった中の、どのひとつが失われても他にひびかないものはなく、いずれは全てのものが失われてしまう、ということです。もちろん私たち人間だって、その鎖の中のひと節であることは言うまでもありません。

私の友人がついこの前まで、この地上の植物達のレッドデータ（絶滅の危機に瀕している種のリスト）というものを作成していましたが、その数は、とても信じがたい数にのぼると言っていました。ほんとうにいまこの地球の生態系は、ガタガタと音をたてて崩れていっているのです。

さあ私は、白保の空港建設問題を通して知った、サンゴや沢山の生き物たちのことの一端をここに書いてみたのでした。白保の美しく健全なサンゴの海は、この地上に残された、そしてこれから未来に生きる沢山の人たちにとってのとても貴重な財産、宝物と言えるのです。そこに生きる人たちの生活の場が失われる、と言うこと以上の大きな意味がありますす。そのことをいま私たちは、とても真剣に考えてみる必要があるのではないでしょうか。

四月二十日（水）　朝の時間をとりたい

＊おはようございます。出来るだけ夜は早く休み、朝の時間をとりたいと思っています。今朝は何かありますか。
はい、おはようございます。今朝は特に何もありませんが、あなたがせっかくそのような時間のとり方をしたのですから、少し話していきたいと思います。

今あなたは、少しずつ自分の心の中、といいますか、心に浮んでくる言葉を探りながらこれを書いています。私が「今朝は何もありません」と言いましたので、ああやっぱり、と少しばかり不安な思いにかられました。結局のところ、自分で何か書くべきことを考える、といいますか、思考していかなければ、私達の方からはうまく言葉は伝えられてこないのでは、という考え方でした。

前にも話しました、いわゆるトランス状態になってチャネルする者は、他から見てもその者の自我をよそに預けた状態になるのですから、そこから出てくる言葉、語られる言葉はとても信憑性があるように思われることでしょう。なぜなら、本人の知らないうちに、本人の全く知らないことがらが次々と人々の前に語られていくわけですからね。

しかしあなたのような場合は、やはり、どこまでが私達からの伝達部分であり、どこからが自分の考えであるかが解りにくいわけですから、このようにして書きながらも次に出てくる言葉に対しての不安のようなものが伴います。つまり、やはり自分で書くべきことを考えなければだめなのではないか、というふうに考えていくわけです。

ですから、おはようございます、と始めたとき、はい、それでは今日は、とすぐに、いかにもドラマチックな内容のメッセージが私達から伝えられていかなければ、不安というか、このことの信実性が弱められていくような気になってしまうのですね。

と言いますのは、やはりまだあなたの心の中では、このような現象に対する疑いの念がまるっきり消えてはいないということです。どこかでまだ、現実の生活とこうしたことがらは異った世界なのだ、と切り離して考えようとしているからに他なりません。絶えず、今日はもう何もないかもしれない、昨日までのことは、ただたんなる自分の思い込みだったのではないか、と疑っているのです。

ここに私達が、あなたに本当に強く望みたいことは、自信を持ちなさい、私達を心から信じてほしい、ということです。


いかがでしたでしょうか。今朝のこの話は。あなたはいつもより落ち着いて、まるでこれらの言葉のひとつひとつをていねいに、心の中から拾い上げるようにして書いてまいりました。やはりこれは、あなたの考え、創作の文章だと思いますか？　まあいいでしょう。あと何回でもこのような試みをやってまいりましょう。そのうちに絶対の信、確信が生れていくことと思います。

私達はずいぶん長い間、しんぼう強く待ちました。ですから、まだまだこれ位のことはなんでもありません。あなたの中に、ゆるぎないものとして落ち着くまでやってまいりましょう。

あいしています　いえす

＊お店に行くまでに少し時間がありますので、何か伺うことがありましたらお話し下さい。
はい、それではいままで話しましたことで、いちばん心にとまったことは何だったでしょうか。
＊私は天使たちのこと、そしてベルゼブルのこと、それらに関してこれから明らかになされていくべきことと、この地球をあとにして私達がこれからどのようになっていくのかを知りたいと思いました。
はい、それではまず、天使たちのことに話を戻しましょう。

天使たちとは、あなた方すべてのもうひとつの姿だと思って下さい。誰でも天使になれない者はいません。しかし、それぞれの霊魂の持つ波動があります。非常に粗く粗雑なものから、非常にきめ細かく、その振動のさまはどのような者の目にも捉えることのできないほど細かな止《し》速度まであることを、まず知って下さい。（実際は細かく動いているのに、まるで止まっているかのようなものは止速度と表現します。）

この宇宙の中には、人間がまことに勝手気ままに創り出した、多くの想念の世界が存在致します。それは、創り出しているものの波動の振動数によって決まります。粗く大きな振動は、それに見合った世界を構成していますし（重く暗い世界です）、きめ細かく速くなるものほど軽やかで明るい世界を創り出していきます。

どのような人であれ、肉体を離れますとその霊魂の持つ波動の世界へと間違いなく引き寄せられてまいります。いったんその世界に入り込んでしまいますと、その世界ですっかり安定してしまいますから、なかなかそこから上昇していくことが出来ません。いつまでたっても、その世界の中でどうどう巡りをしていることになります。

その波動（振動数）を変える最大のチャンスは、この肉体世界に生れ出た時のみといって良いでしょう。振動数が短くなりますと、波動数が上ってまいります。そうしますと、非常に明るく軽い世界を生み出します。

地球はひとつの大きな塊りです。地球自体の持つ波動があることは、すでに述べました。私達が肉体となったとき、その体の持つ波動は、この地球の持つ波動と同じです。ですから、その上で安定して暮すことが出来ます。

ところがその肉体を離れますと、いままで閉じ込められていた霊魂は自由になります。自由にはなりますが、その肉体として生きた間に自分のものとして作りあげてまいりました霊魂の波動のまま自由になります。ですから、類は類を呼ぶのたとえのように、自分と同じ波動の世界へ迷うことなく引き寄せられていき、その世界で次の出生のチャンスを待つ、ということになります。

さて、非常に軽く、明るいものとなった霊魂は、やはりそれに同調する世界へと引き上げられてまいりますが、それが天使の世界と言えましょう。

しかしいずれに致しましても、いつかは神本来の持つ、肉の目には決して捉えることの出来ない高性能のエネルギーの世界へ、と回帰してまいります。そのためにも、人々はたとえ天使の軽やかさを持った者であれなんであれ、幾度《いくたび》となく肉体となって人の世界で生きるのです。

一人の魂が軽くなるだけではだめなのです。私達は全体としてひとつなのですから、全体として軽くなる必要があるのです。そのためにこそ、先に軽くなったものが、後になってしまった者へのお手伝いをしていくのです。それは、先日のサンゴの成長過程とまったく同じだと思って下さい。

そのことによって、私達の魂のグループは全体として軽くなってまいりますから、この地球という固体の持つそれとは、徐々に引き離されたものとなります。まだまだこの地球に未練があるからと言って地上に生きたくても生きることの出来ない状態がつくり出されつつあります。

あそこにも、ここにもまだまだ重たい人が居るようでも、全体として軽くなってしまっているのですから、いずれ近いうちにこの星を去る日がまいります。もちろん、今日明日のことではありません。

あなた方の感じる時の流れと、私達のそれとは大いに異っています。ある時はもう一時の猶予もありません、と言いますし、ある時はゆっくりあなたのペースで、と申します。そのどちらも真実であることを知って下さい。これらのことをしっかり理解して下さる魂には時間がないと申しますし、そんなに急がされたら混乱しそうな魂には、どうぞゆっくり、と申します。その分を、他の人々が自分を開いていけばよろしいのです。その人の持つバイブレーションは、その人の責任に於てのみ変化していきます。しかしそれは、全体に対しての影響力を持っていると言うことです。

これで少しわかっていただけましたでしょうか。いま、何から何までを明かすことは出来ません。これもまた、あなたの必要に応じてなされてまいります。なんという星、なんという天体、などといま言う必要があるでしょうか。いま必要なのは、この地球というかけがえのない星の持つバイブレーションを、これ以上落しめてはいけないということです。

あいしています　　まりあ

ここでまりあというサインが出たので驚きましたね。でも、あなたはこの記述を始める前に、今度は私にきいてみたい、と思ったではありませんか。それで私が話しをいたしました。

それから、今生でのあなたの役割は何も難しい理屈や言葉をふりまわすことではありません。おかあさんのように、誰にでもわかるやさしい言葉でまいりましょう。

あいしています　まりあ

それでは、先程まだ申し上げなかった、ベルゼブルのことにふれてまいりましょう。

ベルゼブルの持つ波動は、いわば神に対比出来るほどのもの、と申し上げますと驚いてしまいますか？　ちょっと待って下さい。この世には、この宇宙には、神以外の素材が何かありますか？　あなたは、無いということを知っています。といいますことは、このベルゼブルもまた、神と申しても良いものです。プラスとマイナス、陰と陽の世界がありますように、彼もまた、そのような関係であると考えて下さい。イエスとベルゼブル、また神とベルゼブルは、そのような意味で一対をなすものです。

前に娘さんは言いませんでしたでしょうか。イエスが公生活を始める時、そうですあのヨルダン川に於て、洗者ヨハネに洗礼を受けたあの時です。あの時、その川岸にはベルゼブルもまた共にあったということを。もちろん、人々の目には見えてはいなかったのですが、イエスはその姿をはっきりと認め、お互いの役割をしっかりと確認しあったのです。

もちろん、彼の役割はその時に始まったものではありません。それはアダムとイヴの頃にまで逆のぼるものなのです。しかし、あの時はまた特別の時でした。場合によっては二度と再び天の国へ戻れるかどうかわからない、といった大変な別れでしたから。

このことについては、これから先少しずつ何回にも分けて話してまいりましょう。

私達はいま、このような形であなたと話せるようになりましたことを、とても喜んでいます。今日は四月二十日、丁度十日間、いえ、実質上は十二日間になりました。あなたは毎日毎日書き続けてきましたから、もうすでに十二日も過ぎ去ったという気がしていません。始まったのはつい昨日のことのように思えています。このことの方が、ほんとうは現実なのです。私達を感じないまま暮すことの方は、仮の姿なのです。これからはますます充実した日々になることでしょう。

このようなことの出来る人々は、もちろん数多く存在しています。あげればその数の多さに驚くことでしょう。この国の人口の多さを考えてみて下さい。そして、世界のさまざまな国々の人の数の多さを想い描いてみて下さい。その人々が、皆それなりに覚醒していくためには、それに見合ったほどの先駆者を必要としています。

いまに限らず、いつの時代にも、まるでちりばめられた星々のように、人々の中にこのようなことを担った人々があったことを知って下さい。

それぞれはまるで違った現れ方をし、違った表現方法で人々を導き、気付きの道を整えてまいりました。中には幸せな一生を過ごした者もおりますが、その多くは孤独で、辛く厳しい一生を送りました。またある者はその素晴らしい力、能力ゆえに人々にもてはやされ神の化身のような扱いを受け、その中で己れを見失ってしまった者も多くあります。

それでも、いつの時代でも、ほんとうに大きな力、大きな働きをしてきた者はその名さえも歴史には残らなかったのです。彼らを強く支えたものは、神に対する絶対の信でありました。一人の農夫として、一人の商人として、そしてまた多くの子供たちを育んだ母として生きた人々の中にありましても、神の道は整えられてまいりました。

いまあなたのまわりの人々は、あなたを通して伝えられる私達のメッセージを受け取ることを期待しています。皆知りたいのです。自分が何であり、誰であり、何に向っているのかを。

そうです、どんなに簡潔でストレートに悟る方法があったとしましても、やはり人は、それなりのプロセスを辿らなければその境地にはなり得ないのです。それは、あなた自身が体験し、歩いてきた道でもあります。そしてまた、人々はそのような道を楽しんだり苦しんだりしてみたくもあるのです。

肉体を持って生きる者にとって、私達不可視の世界の者への関心は、一種独特のものがあります。一度かいま見てしまいますと、それはまるで禁断の木の実でも食べたかのように、人を捉《とら》まえて離さなくなり、絶えずその人の心の中で燃え続けるものとなってまいります。折あらば、もっともっと知りたいと願うようになっていくものです。

なぜなら、このことこそは人間の持つ本質への回帰であるからなのです。人はそこに帰って行かざるを得ないのですから。

今日はこれくらいに致しましょう。おやすみなさい。

あいしていますよ　ふらんしす

四月二十一日（木）　もう一度　マリア信仰について

＊おはようございます。さっそくですが、私はやはりもう一度マリア信仰というものについて教えていただきたいのですが。
はい、前にも申しましたようにこのことは、ひとつの形態であると知って下さい。

世の中にはさまざまな宗教の形があります。それぞれに、その真髄となる教えを伝えようとした人物が御本尊といいますか、御神体として祀られております。中には御神体そのものを祀り、それを受けて、その心を伝えようとした人物はまた別にある、という形のものもあります。つまり、御神体と伝達者が別というものと、伝達者そのものが、まるで絶対者であるがごとく祀りあげられてしまったものとに分かれると思います。

私の場合、いえすさまも、私も、至高なる神の御心を皆さまに伝える者として存在いたしました。ですから私達は神を表現する者であっても、神そのものではありません。

当時の人々は、神の存在は絶対であって、人の遥かに及ばない存在として仰ぎ見ておりましたから、そこに直接参入することなど考えることさえ出来ませんでした。ですから、人々は私達を通して神を知る、神へ人々の想いをつなぐ者として位置づけてまいりました。

もちろん、中には私やいえすさまを、まるで神そのものであるかのように仰ぎ見た人々もおりますが、形はどうであれ、神への信仰の現れであることに変りはありません。

ですから人々は、私やいえすさまに限らず、そのより神に近い魂に属する所の者を仲介者として頼んだのです。

このようなことは何もキリスト教に限らず、世のありとあらゆる宗教の中に見られる現象でありましょう。それは、そのような表現がごく自然になされるような、ひとつの時代でもありました。

歴史の流れの中を見ていきますと、いつの時代にも必ず、そのような神との仲介者を通さず直接神の声を聞き、神を感じとることの出来た人々がおります。そのような人々の多くが預言者となり、また、新しくひとつの宗教を興す者となってまいりました。中にはそのような者とはならず、偉大な哲学者、思想家となっていった人々もいるのです。

そうした人々の思想の中には、必ずと言って良いほどに、「自分自身を知りなさい」というものがあります。すべては自分の中にある、すべての解答は自分の中に秘められているのですよ、ということを伝えているのです。

改めて申しますまでもなく、それは、貴方自身のうちに神が存在することを伝えていますが、どれほどの者が、そのことを正しく受け止めることが出来たでしょうか。やはりまだ多くの人々は、私達のように、間に立つ者を必要としてまいりました。

たぶん今朝のこの質問は以前のお友達の質問であり、あなた自身がマリア信仰というものに疑問といいますか、わからない部分を持っているのではありませんね。でも、あの方にとっては、たまたまマリア信仰であったのですが、このことは他のすべてのものに言えることですので、私なりの答えをしてみました。

あいしています　　まりあ

＊山川さんは、この夏、エジプトにいらっしゃるそうですが。
はい、たぶんその通りになると思います。あなたも行きたいですか。あの地は、私達にとってまことに深いかかわりを持った所ですから、みな一度は訪ねることになると思います。時間の問題でしょう。

＊行って何をするのでしょうか。

もちろん、ただ観光に行くというわけではありません。あの地は、この地球上にある多くの聖地の中でも最大級のものと言うことが出来ます。しかしご承知のように、この数千年の間にどれほど多くの破壊的行為を受けてきましたでしょうか。エルサレムなどとは全くおもむきは異りますが、やはりあの地で過ごしたことのある多くの魂が、その生きた証しを求めて、無意識のうちにあの地へと惹きつけられていくのです。もちろんその多くは、ほとんどただの観光客としてまいりますが、それにはそれなりの下地があってのことです。

二十世紀も終ろうとする現代《いま》、これら多くの聖地が、それぞれの役割に応じて最後の仕事にとりかかろうとしています。そのためには、弱められた聖地はもう一度ゆかりの者の手によって、力を復活させる必要があります。

あのギゼのピラミッドとスフィンクスの関係は、いまだに誰もその本当の謎を解いた者はおりません。それは何ぴとたりとも、時至るまで解明することは出来ないのです。

さて、聖地の役割について、もう少しはっきりと申し上げましょう。そこはつまり、天の御座《みくら》といっても良い所です。その聖地の持つエネルギー波動は、もちろん非常にきめ細やかに発散されていますから、私達のようなバイブレーションそのもののような者が、安心して降り立つことが出来る場所なのです。

あまりに微小なるもの、あまりに超速度の動きを持つものについては、同じ条件が整わない限り、視ることが出来ません。したがって、私達がその地に降り立っていても、肉体を持つ人々には視ることが出来ない、つまり見えないのです。

私達は、いままでも地上のそういう場所に降り立ってさまざまなことをしてまいりました。肉の身でありながらも非常に高度にバイブレーションを上げることが可能となった人々とも、そのような場所で逢ってまいりました。

私いえすが、公生活を始める前に地上に於てなすべきことを学んだのも、またこのような場所だったのです。いえはっきり申しまして、このエジプトに於けるピラミッドの中でありました。

いえす

四月二十二日(金)　たくさんのお母さん達と

＊おはようございます。今朝はたくさんのお母さん達と、ひと仕事すませました。気持のよい朝です。

はい、おはようございます。ご苦労さまでした。みなさん、少しずつ明るい心に目覚めてきていますことが、手にとるようにわかりますね。世界平和などと大きくかまえなくても、今朝のようなやさしい心のふれあいが、何かをつくり出していく下地になるのです。

私達の学校、私達の町という想いはとても素的です。本当に、その言葉のひびきの下に、愛の心が感じとれます。このように、本当に身近なところから、大事なことが広がっていくことが大切なのですね。そうしますと、それがいつの間にか宇宙大の広がりになっていくことと思います。

この私達、といいますか、あなた方肉体を持って生きる世界には、ありとあらゆる形態の出来ごとが起きていますので、そこからその人その人の魂の成長に応じて何かを感じとり、さらに成長を重ねることが出来るのです。

しかし、いったん肉体を離れてしまいますと、先日も申し上げましたようにその魂の持つ波動の世界に入りこみそこで安定してしまいますから、何の刺激もなく大きな成長は望めなくなってしまいます。ですから、そのような世界で待機している魂のグループ達は、なんとかして肉体を持って生れ出たいと待っているのです。そのような魂から見ますと、いま肉体を持っているあなた方がどんなに羨ましいことでしょうか。

すべての出来ごとは、何ごとによらず、あなた方の魂の成長のためにあるといいますことをぜひ知って下さい。このことをわきまえたとき、あなた方の考え方は非常に安定するでしょうし、どのような出来ごとにも、きっと積極的に取り組んでいけるようになることでしょう。


さて、それではここで話の視野を少し広げて考えてみましょう。

いまこの地球上には、実に多くの魂が肉体を持って存在しています。ですからよく人口問題が取りざたされているのですが、その原因は、それなりにと言いますより、大いにあるのです。いまといいます時代は、やはり人々にとりましても、この地球という星にとりましても大変なときに至っていると言えましょう。

先日来申し上げていますように、この地球の波動と私達の持つそれとが大きく異りはじめていますので、そこにさまざまなひずみ、ギャップが生じてまいります。

天変地異的なこともちろんそうですが、そのひずみが生み出すエネルギーは、そのまま私達人間の精神面にも、当然影響を与えずにはいません。ですから人々は、ほんのちょっとした出来ごとにも大きく反応してまいります。このひずみの持つエネルギーは、ネガティヴなものと言って良いものですから、私達の持つその部分に大きな刺激を与えてしまいます。

人々は非常に怒りやすく、短気になっています。なんでもないようなささいなことがらに、すぐ腹を立てます。ですから、よくマスコミの報道を賑わす、まるで信じられないような不可解な事件が次々と起きていきます。

人々の心から、優しさとか、思いやりの心が日に日に薄らいでまいります。なんともチクチクと棘のある会話が飛び交うようにもなります。そのような波動は、次々と同じような波動を生み出してまいります。その都度、その力は強められていきます。それがいろいろな所にいろいろな形で、破壊的な力となってあらわれてまいります。

しかし人々の心の中には、どのようにつくろっても消し去ることの出来ない良心、はっきり申しますと、神の火種子がありますから、ふとしたことがきっかけとなって目覚めることが出来ます。

その時体験していた問題が大きければ大きいほど、その覚醒の反動も大きく現れますが、やはり個々の魂の持つレベルに応じる場合の方が多いことは否めません。かと思えば本当にささいなこと、風のそよぎ、小鳥のさえずり、何気なく交わした人との会話、ふと見上げた星空のまたたき、そのようなことの中からふるえるほどの感動を覚える、といった魂の存在もありましょう。

そうです、この世の中はありとあらゆる学びの素材に満ち溢れています。あらゆるレベルの魂の人達が共に生活しています。これ以上の学舎《まなびや》はありません。

このように変動の激しい時こそ、人々は大きく覚醒出来ることを知っています。ですから多くの魂は、なんとかしてこの時代に肉の身を持って生れて来たいのです。そのことが異状な数の人口増加につながっていると言えましょう。

いえす

四月二十三日(土)　具合の悪い日

＊おはようございます。昨夜はとても具合が悪く、休んでしまいました。
はい、その通りでした。今朝もあまり良くありませんね。大丈夫ですか。屋久島に行くまでに片付けなくてはならないことがずいぶん沢山あります。逢わなければならない人々も沢山で

すね。気をつけて動いて下さい。あいしています。

昨日はなぜいまこの時代に、一気に多くの魂たちが生を受けたがっているかという話をしていたのですが、途中になってしまいました。

それは言うまでもなく、いまがこの地球上での最後のチャンスであるといいますこと、つまり人々が長い歴史の間にためこんできてしまった多くのカルマについてのことなのです。

何回も何回も生れ変りつつ、徐々に解消していくことがほんとうは理想的ではありますが、先日来、しつこく述べていますように、今回はそのような状態ではないということです。

これから短期間の間に、実にさまざまなおそろしい出来ごとがまき起こることでしょう。しかしその時こそ、人々の魂は己れのカルマの精算が出来ることを知っているのです。

しかしこのことは、少し言い方を間違えますと大変な誤解を招きます。ですからどうしても、人の魂の普遍性、この世での生だけがすべてではないこと、全ての霊魂はこの宇宙の歴史と共にいつも歩み続けてきたこと、そしてこれから先も、全き神のエネルギーへの回帰の日まで、また共に歩み続けていかねばならないことをしっかりと知る必要があるのです。

これから先、どのような出来ごとがありましょうとも、それは単なる自然現象だけではなく、多くの人々の想念によって引き起こされた、起こるべくして起きた出来ごとであることを知ってください。また、それらのことに直かに巻きこまれていく人々は、それなりの理由があってのことと知って下さると良いのです。

とは申しましても、冷ややかにただ見ていれば良いということではありません。出来得るならば、そのような人々に、これら私達の申し述べましたようなことがらをぜひ知っていただきたいのです。まさか、犠牲になることを知ってほしいということではありません。しかし、多くの人々が一般的な知識として、このような概念を受け入れるかどうかは大変大きな問題です。受け入れたことにより、おそらくその日から、自分と自分のまわりに起きるさまざまな出来ごとを非常に冷静に見ることが出来ていくはずです。いえ、一時的にはその場の感情に押し流されたとしましても、少し自分を取り戻した時、起きたことがらについて、自分なりの判断を示すことが出来るようになっていくことでしょう。

また、社会的な大きな出来ごとについても同じことが言えると思います。ただいたずらに怒ったり悲しんだりするのではなく、その人その人の良き判断がなされていくことで、社会全体の空気も和らいでいくことと思います。

そのことは、また次なる良きことを招き寄せます。これまでのいきさつ上、当然起きるはずであったさまざまな事件や事故、災害といったことがらも、人々の感情が鎮まってまいりますと、またそれらの出来ごとに伴う力も弱まってまいります。このようにして大きな災害を食い止めていくことも出来るのです。このことが、先にも申しました予言されたことがらの回避ともなって現れてまいります。

良いでしょうか、このあたりのプロセスをよく考えてみて下さい。

あいしています　いえす

四月二十四日（日）　かかしの会の集り

＊こんばんは。今日は〝かかしの会〟の集りでした。たまにはこのように、みんなで農家に出掛けるのもいいなと思います。きっと、一緒に行ったみなさんもそう思ったに違いありません。
はい、そうですね。今日あなたは大変でしたけど、とても良い試みだったと思いますよ。みなさんの想いがますますひとつになっていく様子が、あなたは手にとるように解りましたね。

このようなことが、いまの社会にとってどんなに大切であるかは、計り知れないものがあります。大げさでもなく、力みもせず、ただなんとなく集っているかのように見えますが、とても大切なことを続けているのです。これからも大切にして、大きなうねりになるように息長く続けていただきたいと思います。

ところで、今日、都心部の方ではずいぶんいろいろな集会が行われています。地方から沢山の人達が集ってまいりました。原発の持つ恐怖は、大きなうねりとして多くの人達を動かしはじめました。

確かに、原発というものの恐ろしさは計り知れないものがあります。しかし、このような状態を迎えるまで、人々は原発の存在を許してきてしまいました。本当に恐怖なら、ここまで来る以前に止めなければならなかったのです。

では、なぜそれがなされずにここまで来てしまったのでしょうか。そうです、いままでは、この問題は他人《ひと》ごとでしかなかったからです。あなた方が以前、どのようにこのことの恐ろしさを訴えてみましても、まるで手応えがありませんでした。その頃の人々の心理は、まだ自分にふりかかってくる火の粉としては捉えていなかったからなのです。

しかしここに来て、どうもそうではなさそうだということに気付きはじめました。気が付きはじめはしましたが、それでもまだ悪いのは原発であり、電力会社であり、それを推進させている国家であると見て、昨今のような動きになっているのです。もしかしたら、これらの出来ごとの原因は自分自身ではなかろうか、と気付いている人はほんの僅かにすぎません。

それにしましても、このような人々の行動力といいますか、うねりは恐ろしいばかりです。

人々が盛りあがれば盛りあがるほどに、醒めていくあなたの心のありようをひとつ考えてみると面白いですね。

いま生産されている電力量の大半は、まことに無駄に、いわば湯水のごとくといったありさまで消費されています。誰がいったい、そのような使い方をしているのでしょうか。もちろん、私達人間です。いまさらここで誰彼とは申しますまい。すべては私達人間社会の中でトータルされて使われているのです。そのことに、まずしっかりと目を据えなければなりません。

このように大量の電気を必要とする社会は、誰によって構成されているのでしょうか。もちろん私達一人一人の参加によって、この社会は成り立っているのです。

では私達はいま、どのような形でこの電力大量消費型の社会を変えていくことが出来るのでしょうか。会社勤めをしている、主たる男性によってでしょうか。それとも、家庭にあってさまざまな生活をしている、主たる女性によってでしょうか。

私達はいま、どちらかと言えば何の力も持たぬかに見える家庭生活を営む女性たちの力によって、世の中は大きく、または徐々に変えていくことが出来ると見ています。どのような形の企業であれなんであれ、個々の家庭という土俵と言いますか、土台の上にあって初めて成り立っているからです。どのように多くの商品を生み出してみましても、それを消費する家庭という土俵、いいえ、市場がなかったらその大半は生産する意味を失ってしまいます。

人々に気付きの道を整える、お互いの存在を確認する、その他さまざまな理由で今回のような大衆行動はとても大切なことでしょうが、そこから先何をするかをぜひ考えていただかねばなりません。

いま、原発が危いということはどういうことでしょうか。それは私達の生命が危いということに他ならないのですが、生命が危いとはどういうことでしょうか。なぜ生命が損われることを、そんなに人々は怖がるのでしょうか。

原発は私達に何を教えてくれるでしょうか。いわゆる人々の言う、生命を損うことの恐ろしさと、生命の大切さです。では、原発がなければ決して生命は損われないのでしょうか。

私達のまわりには、はっきりしない形でどれほど多くの危険きわまりない状況がひしめいていますことか、それは言葉にすることも出来ません。それに比べ、原発は非常に明瞭な形で私達の前に立ちはだかりました。一旦ことが起きれば、どれほどの災禍をひき起こしますかは、計り知れぬものがあります。またそのことは、一人当事者のみではなく、幾世代も先の人々にまで害を及ぼしてしまいます。ですから、人々は誰はばかることなく安心して、いやだ、怖い、やめてと言うことが出来るのです。

でもそれで明日から、いえ今日から、あなたの生活は変りますか？　どう変化させていこうとしているのですか？　と問いかけたとき、どれほどの人々がはっきりと答えることが出来るでしょうか。

ほとんどの人々は、その問いかけに対してすぐに答えることは出来ますまい。なぜなら、だれも自分が原発の存在を許している一人であるとは思っていないからです。みな自分達は犠牲者である、としか考えていないのです。

いま私が、ここに述べようとしていますことは、人々がそのように考えている限り、原発は存在し続けて私達を教え導こうとするでしょうということです。そのことのためにこそ、彼はそこに在るのです。


さて、先程来、あなたは自分の中に問いかけています。あるがままの自分を愛しなさいという言葉についてです。

そう、いままで話してきた彼ら、自分達は犠牲者だとばかり思っている人々、その人々についてもまたそのことは言えるのです。彼らは彼らで、そのような自分をまず愛することから始めるしかないのです。言葉はとても簡単ですが、非常に哲学的な教えとも受けとれます。

人は、他からまずそのような自分を反省しなさい、と言われることのほうが易しいのです。自分で自分を愛するといいます考え方、概念は、いままでの社会生活、通念の中にはなかったことです。まずは、自分のことはさておき人さまのことを愛し、大事にしていくといった考え方のほうが道徳的であり、善き人の手本のように見られてきました。それをいま、まず自分を愛しなさいと言われたとき、ほとんどの人は戸惑いを感じてしまうことでしょう。

であれば、もうひとつの言葉に置き換えてみても良いのです。まずは自分を良く識《し》りましょう、自分が何であり、誰であるかを……。しかるのち、他の人達のさまを見てみるのも良いのです。そうしますと、原発もまたあなた自身であるということが良くわかります。

このような、原発を必要としない世の中をつくるのは、会社でも国でも社会でもなく、私達一人一人の生きる姿勢そのものであるということを知って下さい。

いまあなたは、あまり原発のこと、そしてそこに集う人々のことには触れたくないと思っていましたが、あえて私達はそこに触れてみました。

＊先程から、私達人間は、といったような言葉の言いまわしがあるのですが、それについて教えて下さい。

はい、それは簡単なことです。私達は、まず見えない存在として話しをしていますが、それでも人間としての生活感覚をまともに受けながら話す場合も多くあるからです。そのようなときは、私達はあなた方人間とほとんど一体となってしまっています。

それは、逆のことも言えるのです。あなたが私達とほとんど一体化してしまっている場合、たとえば、いまこのようにして書いているときもそうです。このようなとき、先程のように外からのデンワが入ってきたりしますと、あなたは自分で話すといいますより、何か異った力と一緒になって話している、といった感覚を味わっているはずです。お互いに一体化したとき、うまくそのことがコントロールされている時の状態として見て下さい。

いえす

四月二十五日（月）　折あらば

＊おはようございます。なんだか、折あらばこうしてペンをとるのが習慣になってしまいました。
さて、今日は何を話しましょうか。そうですね。いま人々が、なぜ全き信を持つに至らないのかをテーマにしてみたいと思います。

いつの頃から、人々の心から神を信ずる、いつも仏へ手を合わせるという行為が失われてしまったでしょうか。もちろん、形だけのことを言っているのではありません。

よく、「神も仏もありはしない」という言い方がされますが、それは人生の中で、つまりは日常的な暮しの中で、なかなか自分の思う通りにならないことが多いと、つい出てくるぐちのような言い方ともなっています。

そのことはつまり、前にも述べましたように人々が善いことにしろ悪いことにしろ、すべて何か他からの力、責任でなされているような錯覚を持って生活しているからに他なりません。なかなか自分という主体がつかめないでいるのです。この人生は自分が主人公なんですよ、ということを良く理解してはいません。ですから、毎日毎日起きることがらについおろおろと己れの心を見失ってしまいます。

今日起きていることがらは、昨日までの自分の積み重ねであるといいますことを、まず知って下さい。そして今日のあなたの行いは、すべて明日へとつながっていくのです。そのようにして、私達の人生は出来あがっていきます。その日々の中で考えたり行ったりすることがらは、あなたが主人公になってあなたが考え、あなた自身が判断することなのです。

仮に何かを決めなければならないとして、たとえば、どこかへ行った方が良いか悪いかといったようなことでも、なかなか自分では決めかねたといたします。そこで誰かに判断を委ねたといたします。委ねた結果、行った方が良いでしょうと言われ、あなたは行きます。この行為は、まるで人の判断で動いたように見えますが、あの人の判断にまかせようという判断は、あなた自身で決めたことなのです。その結果が良くても悪くても、その責任はあなたのものと知るべきです。

このようにして、人はどのようにささいなことがらでもその一瞬一瞬の心の判断で動き、生き続けているのです。その一瞬一瞬を司るものは何でしょうか。

この広大な宇宙の中に、一瞬一瞬の時が存在いたします。時とは、まさにその一瞬しかないのですが、その一瞬一瞬が重なりつながってまいりますと、人の心には、時間、時の流れとして自覚されていきます。その一瞬一瞬を司るものこそ、神そのものです。その一瞬一瞬の神の心に、すべてを委ねていけば、それなりの判断が生じてまいります。そのことが、神にすべてを委ねるということでありましょう。

あなたの祈りは、いつでもこうです。

「どうぞ、なるようになりますように」

いかにもこのことは、あなたまかせの祈りのように聞こえますが、これこそ神への全き信の現れであるでしょう。

すべてを神の司る一瞬一瞬の時の流れにまかせきる心が、すべての空間をなんの障害もなく流れてまいります。そこには多くの人々の想念も同時に存在いたしますので、うまく流れるもの、非常にごつごつと流れをせき止めてしまうものなどありますが、その中にありましても、その時のあなたにとって一番良い、必要と思える判断がなされてまいります。現実的な目から見て、それは決して良いことばかりではありませんが、〝神の時〟とは、そのような目では計ることの出来ないものなのです。

こうして、自分に起きるすべてのことがらは、すべて自分自身にとって必要なことがらである、ということを認めることです。

いまここでは、自分の身に起きるすべてのことがらは、すべて自分自身の責任であり、また必要なことであるということを知ることを伝えましたが、それはとりもなおさず、あなた自身の中にある神に委ねた結果であるということなのです。

ところが、ほとんどの人々はそのような仕組といいますか、自分自身の成り立ちを承知いたしてはおりません。神はやはりどこか外にあって、私達の日々の行いを観察しながら、私達を導いたり裁いたりなさる方として視ています。いずれ裁かれるにしましても、それは今日ではなさそうだというところに、人々の心の隙、といいますか油断が生じてまいります。

またもっと悪いことに、神とか仏といった存在は、もうすでに過去の遺物であり、迷信であり、このような科学万能の時代にそのようなものの出る幕はない、と人々が思いはじめてしまったことです。何から何まで、科学の力ですべてが解決出来ると考えはじめてしまいました。

人々の生活空間の中に、いわゆる〝暗闇〟というものの存在が薄らいでいったことで、それはなおはっきりと証明されたかのように人々は思い始めてしまったのです。

ところがいま、少し時代がかわりそれだけではすまないことに気付きはじめた人達が少しずつ増えてまいりました。またこのような時代ですから、そこかしこに不思議な能力、はっきり申しまして霊的な力、あるいは超能力的な力を発揮する人々が現れはじめますと、人々はまたそのことも気になりはじめました。

しかし、それらをすぐそのまま信じようとはせず、いろいろ詮索したり、また実験と申しますか、科学的にも証明出来るようにしてみようという試みなども始められました。どこまで行っても科学的に解明していこうというわけです。また、本当にそのようなものがあるのなら、戦略的に使ってしまおうと考え始めた国家や人達がいることは、すでに周知のことがらであります。

このようにして、人々は少しずつ私達の周辺に何か言うに言われぬ不思議な存在を感じ始めました。それが本当は私達自身の本質である、と知る日はそう遠くはないと思います。人はその人その人に応じて、いろいろなプロセスを必要と致します。

私もあなたも、この話は少し半端であると思っています。またのちほど整理いたしましょう。

いえす

＊私はいま、シャーリーの本を、ところどころ読み直しています。すべてが、再び新しい感覚で読める気がいたします。そこでやはり、守護霊、指導霊について教えていただきたいです。
はい、わかりました。あなたは、そのことについてはほとんど良く解っていることです。しかし今までは他の人が話したこと、他の人が書いたものを読むことによって理解してまいりました。ですから、やはりここでもう一度、きちんと私達からお話しいたしましょう。

まず、守護霊といいますのは、その人その人の個々に、まるで一人の親として定められたかのように、つまり親が子供を保護し、やさしく育てあげていくような役割をいたします。それこそ朝から晩まで、寝ても覚めても、泣いても笑っても、箸の上げ下ろしから何から何まで承知しているような役割です。つまり文字通り、保護者としての立場にある者です。

それに対し、指導霊といいますのは、いわば学校の先生のような役割と言ったら良いでしょうか。現世的に申しますと、お寺のお坊さん、教会の神父さま、牧師さまといった、その人その人の生きるにあたっての、精神面を司る者として存在すると思って下さい。

ですから、学校の先生や神父さまが、一度に多くの人々を指導していくことが出来ますように、私達も、いま肉体を持っている沢山の人達に対して、同時に指導の手を差しのべることが可能となっています。

しかしそのような立場の者でありましても、現実には、実に多くの資質の違いというものがあります。あなた方が生活していますす世の中はすべて私達の世界の写し、と考えて良いのですから同じように言うことが出来るのですが、同じ先生という職業でありましても、その人間性は千差万別です。

どのような指導者に巡り逢うかは、この世的に言えばまるで時の運のように見えますが、決してそうではありません。すべてどのような状況にありましても、その個々の人間、その人の魂の持つ必要性に応じて出来あがっている組み合わせと知って下さい。

ただ、私達の言う指導霊と、現実社会に於ける師弟関係とは大いに異る関係であります。そのことは強く申し述べなければなりません。いま申しましたのは、形の上での類似のことだけです。現実社会の中では、どちらがどちらより偉いとかいったようなことではなく、すべて、過去世との関りによって生じている関係なのです。

いま私達は、肉の身を持つあなた方が少しでも早く、あなた方本来の姿に気付いて下さいますように、その道を整える役を引き受けているのです。

しかし、私達の本来の姿にはすべて、さまざまなバイブレーションの違いがあります。それは以前にも話しましたように、非常に荒く粗雑なものから、まことにスピーディできめ細やかなものまで、その差はひとくちに言い表すことは出来ません。

人々の持つ個々のバイブレーションは例外なく、この中のどこかに波調が合っています。肉体を持たず霊魂だけの状態の時には、その合一した波動の所に位置する者同士が、お互いを助け合うことになります。しかし、霊的な形のままではあまり成長の度合いは望めませんので、そこに肉体をとる、という現象が生じます。これこそ神の最大、かつ最高の愛の計らいでなくてなんでありましょうか。

一旦肉体を持ちますと、どのようなバイブレーションの違いの者でありましても、人として全く同じ次元で生活し生きることが出来ます。霊体のときには決して触れ合うことの出来なかった者同士が、どのようにでも接触出来る世界がこの現実世界であります。

ですから、心から魂の成長を願う者にとりましては、この上もない学舎であり、飛躍のチャンスがいくらでもあります。自分では決して触れることの出来ない高次の指導霊に導かれている人とも、本人がその気になりさえ致しますならばいくらでも触れ合うことの出来る世界なのです。しかし、また逆のことも充分に起こり得ます。そのようなとき、私達はこちら側の世界からどんなにはらはらして見ているか、おそらく皆さまにはわかりますまい。

まことに、この現実の世界はドラマに満ち溢れた世界なのです。幾層にもなった過去世のカルマを引きずった人々が、なんとかそのことを解決しようと懸命に生きております。そこには、また新たなカルマの世界が出現していきます。まるでこんぐらかった糸のようでもありますが、しかし、そのひとつひとつの糸すじは、しっかりと神のもとへとつなぎ止められていますことを知って下さい。

本当は、素直にただその糸すじを辿って下されば良いのですが、人はつい横に見える人さまの糸の方が良く見えたり、そちらの糸の先にしか良いことはないように思ってしまったりするようです。

そのような人々の生きざまを、本当に赤子の手を引くように、心配して見ているのが守護霊であり、そのまた相談役が指導霊であると思って下されば間違いありません。

そして、一人の人は、ひとつのドラマを生きてまたもとの世界へと戻ってまいります。良く生きた者もいれば、思いがけないアクシデントの中を生き続けた者も出てまいります。たとえ夫婦であろうとも、その生きた姿によって、帰るべき霊の世界は大きく異ってしまうことはよくあることです。

そして、次の出番を待っていた魂の仲間にバトンを渡し、送り出してあげることになります。その時あなたは、今度はその送り出した彼の守護霊となってお世話をすることになります。

ですから、いつでもあなた方を心配し、見守っていて下さる霊なる方々が沢山いらっしゃることを忘れないでいただきたいのです。この人生は、決してあなた一人だけのものではないということです。わかっていただけましたでしょうか。親や教師が、目に見えるか見えないかの違いだけなのです。どちらも現実なのですよ。

さあ、あなたもそのことをよく承知して、私達をあまり手こずらさないで下さい。

あいしています　　いえす

四月二十六日（火）　どこまでが自分で

＊この頃は、自分の日誌をつけるのをすっかりこのことに変えてしまいました。どこまでが自分で、どこからが人の分だかわからない状態の毎日です。やはり、私の思考出来る範囲の中でしか、伝達は出来ないのでしょうか。

はい、もちろんそうです。と言いますのは、いま私達はあなたの思考回路を使っていろいろと話しをしています。あなたの思考外のことを述べようと致しますと、あなたの中で混乱が生じます。しかし、それでもかなりのことを伝えることが出来ます。それは、現在のあなただけではなく、これまでの人生の中で積み重ねてきた潜在的な思考があるからです。

しかし、いままで伝えてまいりましたことのほとんどは、実際はあなた自身の基本的な考え方であると言って良いでしょう。それは、あなたの思考の領域であるということです。ですから、また何か新しい知識分野が広がりますと、そこを通してと言いますか、きっかけにしてそのこと以上のものが広がっていくということが言えると思います。

＊いま書いているこのノートは、とても分厚いものですから、私はあと何年も、と言っては少し大げさかもしれませんが、それでもいましばらくは、日誌として書いていけるつもりでいました。しかしごらんのように、もう残り少なくなってしまいましたので、先程もう一冊買ってきたところです。これから先も、このようなことが続いていくことを想定してのことですが。

はい、もちろんそれは良い考えでした。屋久島に行くまでには、ほとんど使い切ってしまいそうでしたし、これから先も、あと何冊も必要になります。

あなたの考えのように、どのようなささいなことがらでも書き止めておくと良いのです。たとえそれが間違っていると明らかにわかるようなことについても、全部記録しておいて下さい。

このことは、まだ始められたばかりのことですから、あなたの考えと複雑に混じり合ってしまっていることがらも無いわけではありません。私達の伝えようとしますことと、あなたのいままでの判断材料とが、確かに異っていたものもいくつもありますから、そのような所は少し辻褄の合わない表現になってしまっています。そのようなものも、あとになってみますと良い教材になっていくと思いますので、ぜひそのままにしておいて下さい。そして、たとえ同じテーマでありましても、何回も取り上げてみますと、より一層深みのある内容となっていくことと思います。

あなたは、もちろん他の方々とはずいぶん違っています。あなたのそれは、なんと言っても解りやすさ、そして素朴さなのです。どのような人が聞いても、読んでも、すっとその人の心の中に溶けこんでいけるようなものが良いとは思わないでしょうか。

これから先私達が伝えようと致しますことは、受け止める人が違えば、まるで哲学書のようなものになってしまいかねませんが、あなたの言葉を借りて表現しますと、おとぎ話のようにやさしくなってしまうのです。

これから先は、出来るだけ沢山の人に知っていただきたいと思いますし、伝えていかなければなりませんので、このことはとても大切なことなのです。


それではひとつ、何かテーマを決めてやってみることにいたしましょう。

先程来、あなたはモーゼの名前を何回も想い浮べています。ですから、モーゼの時代のことに関して少し話してみたいと思います。

聖書にあまり詳しくない人でも、また、キリスト教にあまり関心のない人々にも、モーゼの名はとても良く知られています。おそらくは、ずいぶん前に、あなたも何回も観ました映画、『十戒』によるものと私達は見ています。

あの映画は、たんなる宗教映画を越えたところで人々の関心を集めましたし、あの映画を通して、神とは何ぞや、ということを考えるようになった人々も沢山あったのです。文字に比べ、映像の持つ力の大きさをまざまざと知ることの出来たとても素晴らしいものでした。特に、あの紅海が割れてイスラエルの人々が逃れ去り、後から押し迫ってきたエジプトの王兵達を一気に呑み込んでしまうさまなど、まさに映像ならではの迫力がありました。

それにもまして素晴らしかったのは、やはりなんと言っても、シナイ山に於ける、神の指にてしたためられし十戒の石板のシーンです。あのようにして、人々は初めて、神による実にこまごまとした掟を授けられたのでした。それは、ひとえに神の民たるにふさわしい民族として育てあげられるための礎《いしずえ》となりました。

なぜ神はあのとき、あのようにしてひとつの民族を選びとり、特別に育てあげようとしたのかを、いま私達は考えてみる時に至りました。この地上には他にも民人《たみびと》は沢山住んでいたのに、です。

初めて、あのようにして神に呼ばれましたのは、あなたも知りますように初めはアブラムと名のったアブラハムでした。神は彼に向って、初めて静かに力強く、「アブラム！」と呼びかけたのです。彼の心は間違いなく、しっかりとその声を受け止めました。

この関係、神と彼アブラハムとの関係は、そのとき初めて成立したものではありません。彼は、人として生れる以前に、はっきりとその役を担う者として神の声をきいた上で出生いたしました。彼の心は、潜在的にそのようにして再び神の声が呼びたまう日を待っていたのです。

彼は、神の前に全き信を置き、神の意のままに生きるとはどのようなことであるのかを、人々の前に示すために置かれた者でありました。もちろん、多くの魂の仲間達と共に、であることは言うまでもありません。

私達の魂のグループの特性を言うと致しますと、このようにして、何時の時代にありましても、必ず神の道を指し示す者として存在した者であると言えるのです。

さて、話を前に戻しますと、まずアブラハムを先頭に立てて、私達はひとつの民族ぐるみ、神の御心を生きる姿のモデルとなることを神と約束したのです。

その昔、この美しい星地球に降り立った多くの魂たちは、それぞれの特性にそって、それぞれの生活、文化をうち立ててまいりました。それは、いま現在人々の目の前に繰り広げられていますす文明社会など、とうてい及びもつかぬ程、なおいっそう高度な文化であったと言ってもさしつかえないものでありました。それは物質的な面だけでなく、精神文化の上で、なおそうであったと言うべきものでありましょう。当時人々は、現代の人々からはとうてい夢想だに出来ぬほど高度な力を持つ者が多く存在していました。いまで言えば、いわば超能力といった力のことです。

さて、このようにして話をすすめていきますと、どこまでも時代を逆のぼっていくことになってしまいます。

そうです、有史以前に栄えた途方もない文明文化はいくつかありましたが、それらがある理由によって跡形もなく消え去った地球は、また以前のような原始的な生活を余儀なくされた人々によって、少しずつ少しずつ人としての文化が甦りつつありました。

しかし、かつて栄えた文化の片鱗をそのまま心に残し生きる人々も多く、そのような人々の中から、またもや無秩序な社会が形成されはじまっていたのです。

そこで神は、ひとつのシナリオを思いつかれました。ひとつ、私の心を心として生きる民のひな型をつくろう、と。その為にひとつのルール、秩序を確立しようではないか。少し厳しく遠まわりかもしれないけれど、神の民、と呼ばれる人々の群れをこの地上に置くことにしよう、と計画されたのです。そして、私達はその協力者として定められました。そして旧約聖書にでてくるアダムとイヴの二人は、私達神の民の始祖と定められたと知って下さい。

いま私達は、このことをいとも解りやすく、簡略にあなた方の前に語りましたが、この意図された物語の中にはもうひとつ、宇宙規模のドラマが秘められていることを合わせて伝えておきたいと思います。

さて、なぜいまここに、アブラハムの名が特にあげられることになるかと申しますと、彼にあって初めて神は、神の民として生きることをお命じになられたからなのです。そして彼がはっきりと、自分と自分につながるすべての子孫は、神の民として位置づけられたことを自覚し、そのように生きることを約束した特筆すべき出来ごとであったからなのです。

しかし、アブラハム以後の子孫の多くは、そのようなことをしっかりと自覚して生きる者は少なかったのです。また、仮に自覚していたとしましても、その信はとかく揺らぎがちな者が多かったことは仕方のないことでした。特にエジプトの地にあって、あまつさえ奴隷の身に落され、異教の神々の氾濫する中で形のない神をただひたすら信ずることの難しさは、いかばかりのことでありましたか。

神はそこで、ひとつの形を示すことを考えつかれました。それは非常にきめ細かく、しかも厳格きわまりない律法と呼ばれるものを、その時の指導者であるモーゼを通しその民に与えることでした。

あの歴史に残る「出エジプト」の物語は、私達から見ましても、まことに壮大な、人智をはるかに越えた出来ごとであったと思います。しかも、なんという厳しさでありましたことか。

あの四十年を越える年月を、あのように荒野に暮すと言いますことは、またさらに文字や映像にさえ表すことの出来ないものでありました。

そうです。それはモーゼという一人の偉大な魂の持ち主であったればこそ、担い得た大役でありました。

あなたはいつぞや、彼のこの人生を思いやり、涙して神の民として生きることのなんという厳しさか、と心に叫びました。その時もまた、あなたも共にあった者であることをいま私達はここに伝えておきたいと思います。

少し腕がつかれましたね。やすんで下さい。

あいしています　いえす

あなた方の一日のたつのは早いものです。ほら、もう日暮れとなりました。

私達にとってはすべてが同じです。私達がときとして、おかしな時間のとらえ方をして話すことがありますが、そのことの意味を知っておいて下さい。

つまり、私達にはひとつの次元があるだけです。あなた方の言う過去も現在も未来も、同時に在るということです。ですから、まさにこれからなされようとしますこと、起きようとする出来ごとを、あたかもすでに起きてしまったかのように話すことがあります。またそれとは逆に、すでにもうなされてしまったことがらについて、これからのこととして話す場合もあるということです。

このような表現方法につきましては、特にあなたには慣れていただく必要があります。あまり辻褄合わせをする必要はないのです。

この前の山川さんとのかかわりのエジプトのことなど、まさにそうでした。あなたは私達の伝えよう、答えようとすること以前に、自分でなんとか、この紙面上の辻褄を合わせようとしてしまいました。たぶん、その部分を読み返してみればよく解ると思います。

どんなにおかしいと思いましても、まずはあなたの心に浮ぶままに書き止めてみて下さい。そのことのほうが大切なことであると、私達は強く申し上げたいのです。何も思い浮ばなかったら、そのままにしておくと良いのです。

これまで書いてまいりましたことがらは、日付の割にはかなりの量になっているとは思いませんか。もしこれだけのものを、あなたの創作だけで書き上げるとしましたら、かなりの日にちを必要としたことは明らかなのです。

いまはまだ、私達も練習のつもりで伝えていますからこの程度ですんでいると思って下さい。

しかし、あなたの思考回路もかなり使いやすくなってまいりました。以前のような筆圧による矯正もあまりいらなくなってきたようです。私達の話しています力を、うまくコントロール出来るようになりました。とても落ち着いて、静かに書いている割にはかなりスピードも上っていますし、文字の方も読みやすくなっています。時々思い出せない文字がありますが、それも一度辞書で確かめて下さい。

先程の続きを話しますと、どうでしょうか、いまこうして書いていて、ノートとの抵抗はほとんど無いのではありませんか。まるですべるように動いていると私達は見ています。初めの頃は、言葉の速さに手の方がついていきませんでした。いまはほとんど同時進行でなされています。考えてから書くのではなく、考えと同時に手が動いている状態です。表現を変えれば、ノートに書かれた文字から逆に言葉を読みとっていくということにもなります。
あなたはそのことにいま気付きましたね。私達との波調がますます合っていきますと、そのような現象はもっと顕著なことになってまいります。

さて、いまのような状態を、私達はどう説明するべきでしょうか。つまり、表現するに一番適切な言葉を探していたわけですが、そのときはあなたの手も止まります。こうして少しずつ少しずつ、私達のエネルギー配分を、あなたのそれより多くしていきます。そのことによって、あなたの個人的な思考分野はずっと後退していきますので、あなたの持っている思考範囲以上のものを伝えることが出来るようになっていくのです。つまり、一種のトランス状態と同じ現象だと思って下さい。

あなたはいまの状態でも充分書けていると思っているのですが、本当の力はこのようなものではありません。まだまだいろいろな変化が生じてまいりますので、楽しみに書き続けてみて下さい。

今日はやっと半月とちょっとです。あと半月もしますともっと慣れます。それからが本番と思って下さい。私達も楽しみにしています。はい、これで終りです。

あいしています　いえす

四月二十七日（水）　朝から忙しい日

＊こんばんは。今日は朝からとても忙しく、いまやっと座れました。それなりに充実した一日だったと思います。
はい、今日はまことに充実した一日だったことを、私達も喜んでおります。あなたの言葉は本当に優しく、なめらかですから、どのように気難しい人の心にも浸み透っていくことでしょ

う。このことが、人の心を溶かしていくということです。

それから今日、あなた方はまことに良い視点に気付きました。私達もそこまで汲みとっていただけると思って話したわけではなかったのです。つまり、アブラハムから始まる神の民のお話です。

いままで社会の人々のほとんどが、この神の民として選ばれたイスラエル民族のことを、いわゆる〝選民〟という言葉で言い表してまいりました。選民思想などという言い方をしますと、いかにも優越的な民族の思想のように聞こえてしまいますが、本当の神の民の意味は、今日あなた方が話しましたように、人々の前に指し示されました犠牲の民であったのです。それは、まことに私「イエス・キリスト」が、神の生贄《いけにえ》として十字架にかけられ、人々の前に示されたのと同じ形でありました。

神の心を心として生きようとしますとき、どんなに厳しい試練が待ち受けていたかは、あなた方があの旧約の書の中に見る以上のものでありました。

また、それら民人の辿りました記録の書バイブルは、いまも変わることのない、人々の生きる指針としてありつづけています。

あなたも知ります通り、あの書物は一般に思われていますような、いわゆる道徳の書ではありません。神によって神の道を生きることを命ぜられた、ひとつの民族の生きた証しの書物であると言うことです。

その中には、何時の時代にありましてもさまざまに生きる人々の、ありとあらゆるひな型が示されているのです。肉の身にあって生きる者のなんと弱きものであるかを、あの書物はあますことなく記録いたしております。

しかし、その中にあってなお、たとえば樹木の年輪の芯にもあたるような数少ない人々によって、神の真なる御心が保たれ伝えられていくのです。

多くの時代の中にありまして、いまにも消えるかのように見える神の御心は、神に呼ばれた人々によっていまに引き継がれてまいりました。

あいしています　いえす

四月二十九日（金）　高千穂の峰の麓

＊こんにちは。今日はこのとおり、宮崎の高千穂の峰の麓《ふもと》にいます。
先程宮跡《みやあと》に行ってきました。そしていまは、故郷の飯野《いいの》にいます。なんといったらいいか、いい旅をしているところです。

はい、今夜は良くお休み下さい。沢山の素晴らしいエネルギーを吸収出来て、良かったと思っています。

あの霧の中での神宮跡は、ことのほか良い所でした。ここはさすがに日本神話の郷《くに》です。山々のたたずまい、あちこちに点在するお社など、いずこも古式豊かで心の鎮まる思いがいたします。

あなたがこの地で生長致しましたのは、本当に良いことでした。心のすみずみまで、山々の聖気が満ち充ちているのですね。

ここにもまた良いお友達、姉妹がおいでです。みなこのような静かなところで、さまざまな想いを抱きながら生きているのですね。

本当に人はさまざまです。あなた方のように、このような大きな都市に住み、毎日忙しく変化に富んだ暮しをする者もいますし、ほとんどの日々が同じように流れていく中で、やはり自分という者のあり方を、しっかり見つめながら暮している人達もおいでなのです。

日常生活の中の、どんなにささいなことがらの中にも、やはりそれなりの神の摂理がかくされ生きております。それをしっかりと感じとる人々が、確かにいらっしゃるのです。

変化に富む中で自分を見失う者もいますし、あまりに変化がなさすぎる中でも、自分をつかみ損なってしまう人達もいます。いずれにしましても、人々はみなこのようにして、自分の生きる場を選択して生きているのです。

今日、アッシジの写真集を差し上げたあのお友達のことですが、あなたが初めて私達の記録の書である、あの聖書を読むことをすすめて下さったのは彼女でした。

しかしあなたは、彼女からいただいたあの小さくて可愛い聖書を一度読んだだけで、それ以上のことにはならなかったのですが、彼女はそうではなかったのです。彼女はあの聖書を通し、教会を通して神の示された道を辿る者となりました。

あなた方はほとんど同じ頃に、いわゆる聖書というものとの出逢いがありましたのに、それ以後に歩んだ道はすっかり異ってしまいました。しかしその後のあなたの心の中には、いつでもはっきりと私達を求める想いが根づいていきました。そのことを彼女は、あの、あなたが初めて出した本を読んだ時、直感的に感じとりました。

あなたはあの書物の中で、自分の若い頃に想い描いた夢として幾つか並べましたが、その最後に、いつか〝神に仕える者になりたい〟と書いたのです。そのことを、彼女ははっきりと自分とのかかわりの中で生じたものであろうと感じとりました。そのことをあなたは決して忘れてはいませんし、それだからこそ今回、あの写真集を持参したものでありましょう。いわばあの小さな聖書のお返しというものです。

あなたはこうして、この大都市に生きて忙しく暮す一人の主婦となりましたが、彼女はあのようにして、あの辺りを囲む山脈《やまなみ》を見ながら生れ育ったあの土地で家族を守り、つつましく生きる主婦となったのです。そして心は、いつもいつも私達を求めてやまぬ優しい人となりました。久しぶりに良い出逢いを致しました。

あなた方の住む東京という街は、いわば、流れの速すぎる川であると言えましょう。そしてこの地に住むかたがたは、一見表面は何ごともなく、ゆっくりと流れる川のように見えますが、やはりその見えない水面下での変動は大きいのです。それは、この地球全体を包む大気の持っている現在《いま》の性格であるとも言えるのです。一見何ごともなく見える川面の下に、激しく渦巻く激流がひそんでいるのが、あなた方の生きる、いまという時代でありましょう。どうぞ、そのことをしっかりと受け止めて下さい。

先日も話しましたように、多くの人々の心の中から、安らぎや、優しさの波動が多く放たれるようになりますと、さまざまなネガティヴな出来ごとは、ずっと少なくなることと思います。

さあ、今日は少しノートの空きが出ましたが、これで終りにいたします。

あいしています　いえす

四月三十日（土）　ここは屋久島

＊こんにちは。いまここは屋久島です。とうとうやって来ました。ずいぶん久しぶりのことでした。

はい、今日は良いお天気に恵まれて良うございました。

昨日のような霧の世界も、これはこれでめったに経験出来ることではありませんから、良い思い出となることでしょう。そして、あの一寸先も見えない乳白色の世界の意味することを考えてみると良いのです。

私達はすべて、自分の目でしっかりと見据えているつもりでも、見えているのは自分の足のつま先だけ。実は見えていない世界の向こうにこそ、本当に私達が知るべき世界が実在していることを知って下さい。

本当はすべて知っている、と思っていた世界が、いったんあのように深い霧の中にかくされてしまいますと、手さぐりのしようもないほど頼りないものになってしまいます。

それでもある一瞬、一陣の風がさっと吹き寄せ、その霧をぬぐい去りますと、そこには信じられないほどはっきりとした世界が、まるで何事もなかったように現れてまいります。実際は有っても私達には見えていなかったのです。そうした世界をこそ、しっかりと捉えていただきたいと願っています。
あいしています　いえす

五月一日（日）　自然の営み

＊屋久島二日目の朝です。昨日、ある方から「自然の営み」という言葉を何回も聞きました。その自然の営みということについて教えて下さい。
はい、自然の営みとひとくちに言いましても、いろいろな視点で見ることが出来ると思います。

この地上のありとあらゆる存在物について、そのあるがままの姿、生きる姿、その存在物の中で神の摂理のままに営まれている秩序のことを言います。ひとつひとつの存在物の中での秩序が、それぞれに他の存在物のそれとかかわっているありさまなども、同じように言うことが出来るでしょう。別な言い方をすれば、食物連鎖とか、エコロジー、命の生態系などという言い方で表現することも出来ます。しかしいずれにしましても、何も人為的な手を加えない、あるがままの姿ということです。

人はさまざまに、多種多様の知識を導入していきますので、それこそ自然の営みをじっくり腰を落ち着けて観る、観察するといいますよりは、どのように手を加えようか、ということにより多くの労力を使ってしまいます。

また、自然の営みといいますのは、何も植物や動物のことなどに限られたものではありません。その大きな基《もとい》になりますものは、言うまでもなくこの宇宙、大蒼《おおぞら》を司る営みのことであります。

たとえば地球のことで言えば、あの大空に浮ぶ太陽との関係、また月の満ち欠けなどの影響を実に大きく受けています。地上に生きるほとんどの生命の誕生は、これらのことと決して切り離して考えることは出来ません。他の天体、他の星との関係は、あなた方が予想する以上の、いえ予想だに出来ないほどのものであると言えましょう。

地球は、この大きな宇宙の中の本当に小さな、可愛い一個の星です。その小さな星の上で、あなた方は日々の生活を営んでいます。その日々の生活がまた、驚くべき自然界の営みとの関係の中に在るということです。

しかし、あなた方人間の生活といいますものは、とかくそれらの連鎖関係を無視した形で推し進められてまいりました。その結果がどのようなものでありますかは、いま世界各地のありとあらゆる処《ところ》でさまざまな天災、人災といった形になって現れてきております。

人々は、たとえば火山の噴火のようなものは、全くの天然現象、自然の大きな営みのひとつと思っているのでしょうが、そうであるとばかりは言えないのです。そのようなことでさえも、この地表に生きる私達人間の生活のあり方、物の考え方と深く結びついていることを知る必要がありましょう。まして他の小さな、日常的に起きる自然現象などは、私達人間のさまざまな想念と自然界とのアンバランスな関係の中で発生していると考えても良い位です。

私達人間は、この自然界に厳然としてある目に見えない秩序を、何の恐れ気もなく侵してしまっていると言えましょう。そのことに人々は気付いていないとは言えないでしょう。あなた方人々は、それらのことを充分承知の上で生きているのです。

その結果がどのようなことになるかまでは、良く判断出来る人出来ない人、さまざまです。ことに、この自然界のルールを無視するといったことがらは、あなた方の食生活の上で特によく現れていると思います。現実にさまざまな混乱をまき起こしていますことは、よくお解りのことと思います。人々の生活は、とかく極端から極端に走りがちです。それは、物の生産の場である農業のあり方に始まり、あなた方のテーブルの上に至るまでのこと、すべてについて言うことが出来ます。

さて、ここにひとつの例として、あなた方人々の中に最近多く取り入れられています玄米食のことなどで話をすすめてみたいと思います。

食べ物の世界に、よく陰陽のことが言われていますが、もちろんそのことは、この宇宙全体にかかることがらなのです。ですからこの宇宙に存在する、ありとあらゆる物やことがらについてそれは言えることです。

すべてのものは、陰的な資質、陽的な資質を現しながら存在いたします。もちろん、人の体についてもそのことは言えるのです。非常に陰性の強い体質の者、陽性な体質の者とがあることは言うまでもありません。それは性格にも良く現れてまいります。

しかし一人の人間の中で、絶えず陰性であり続けるのか、陽性であり続けるのかといいますと、そうではありません。やはり、その時その時の気象（季節と言っても良いでしょう）のあり方や、生活のあり方、もちろん食生活を含みますが、また物の考え方などさまざまなものが加味されながら、どちらかの傾向をより大きく示していくと言えるのです。

これらはもちろん、どちらが良いとか悪いとかいったたぐいのものではありません。これらはあくまでも個性というものなのです。

このように一人の人の体でありましても、一日のうち、一年のうち、一生のうちなどでは度々変化といいますものをきたしてまいります。

さてそれでは、先程テーマに挙げました玄米のことについて話しますならば、これはもうはっきりと陽性な食べ物、ということが出来ましょう。非常に活動的なものであり、いわば熱を生み出すもの、カロリー的に言って非常に高度なものであると言えるのです。ですから、玄米食を致しますとそれほど多くの量は要りませんし、また食べることは出来ないのです。

そのような性質をよくつかみとり、その時その時の生活条件、体質などと考え合わせて食していくようにすることは、とても大切なことであります。ことに、病を持つ者につきましてはそのことを強く申し上げたいと思いますし、非常な生長期のお子達にとりましても、その子育てを担う親ごさんは良く考えてみなければいけません。

もちろん、いまという社会の食生活がいかに乱れていますか、ということと考え合わせていかなければなりませんが、化学的な異物ともいえるものが多く添加された食べものの害悪と共に、玄米一辺倒という食生活もまた、ひとつの片寄りというものを生んでまいりましょう。

人は何であれ、このようにしてひとつのことが善しとされますと、そのことの本質が何であるか、といったことを考えることなく、いわば一種の宗教的な感覚でとらえてまいりますから、生活にも物の考え方にも幅といいますか、ゆとりがなくなってまいります。そのような姿は、たとえ体の面で健康であったと致しましても、精神的なところの何かを欠いてしまうといった結果を招いてしまいかねません。

また同じ作物でも、それぞれの生産地、地域差、その成育過程、つまりは農業のあり方、その土が含む成分といいますか、要素といいますものも大きく異ってまいります。

例えばあなたが通いつめています同じ小川町の農家でも、極端に土質が違う畑を実際に見てまいりましたし、そのことで味も成分も大きく変ってしまうこともあなたは知っています。それらのことから判断しましてもいまの話は良く解ることと思います。

その他にも、実に多くのことがらがあります。同じ国内でもそのように変化といいますか、差、違いといったものが生じてまいりますが、さらには国際的な規模でもそれらのことを考え、見ていかなければなりません。

この日本の一地域に生れ育った一人の者の体内に、世界各地の変化に富んだ風土で育った食べ物が、さまざまに取り入れられていくことになります。そのことはまたそれでひとつの問題を引き起こしてまいりますが、あなた方人々はそれらのことをどう受け止め、どう乗り越えていくことになるでしょうか。

これほどまでに、あなた方人々の生きる社会は年々国際化が進み、人も物もとめどもなく交流の輪を広げております。もはやとめようがありません。これから先、あなた方がどこまでこだわり、どこまで心を広げていきますかは、全くの個人的なことでありましょう。その個人的なことがらの積み重ね、集大成といいますものが全体を創り、動かしていくことになるのです。

あまりこだわりの心を持たないで、いろいろのことがらを出来るだけ素直に受け止めて下さいますように、と申し上げることにいたしましょう。
あいしています　いえす

五月三日（火）　自分の魂の本質

〈これは屋久島での小さな集りの参加者に向けたメッセージです〉

さて、ここに集いましたみなさまはそれぞれに、ご自分の魂の本質が所属いたしますグループといいますものがあります。霊団などという言い方をする場合もあります。

これらは、たとえば日本の神話でありますとか、ギリシャの神話、あるいはインドの神々、その他世界各地によく伝わる神々や仏の話、伝説などによって分けることも出来ると思います。

しかし、地上的にはそうでありましても、霊魂としましては、はっきりそうであるとは言い切れない部分を持っているのです。

私達の魂の流れの中では、神はひとつのもの、つまり唯一神を通して人々の精神的な分野は語られてまいりました。それに対し日本の神々、またギリシャ神話に於ける神々は、実に多くの数にのぼり、それはそのまま人々のもうひとつの姿として存在しております。

両方の神話の世界は、まさにこの世の喜怒哀楽の世界そのままであり、人々の世界とどのようにに分けて考えるべきか、わからない面を合わせ持っています。

時には、神々よりも人々の方が精神的に非常に高いレベルにある、といった例も大いにありました。そして神々の中の争いに、どれだけ多くの人々が巻き込まれ、大変な思いをしたかはその歴史をひもとけば枚挙にいとまもないことでしょう。たとえばギリシャのトロイの話など、まことに良き例であるとは思わないでしょうか。

日本の神々、ギリシャの神々の話に関る歴史は、私達で言えば、旧約書の歴史にあたるものであると考えて良いと思います。

人はみな、神の民人です。人はみなそれぞれ自分自身の中に神の火種子を宿し、神に気付き、神のもとへと帰ってまいります。それらのことに早く気が付きました者は、またそれなりのことをしてまいります。

先に気付いた者の責任はそれなりに大きなものではありますが、そのことをあまり考えすぎることはありません。今日の自分の姿は、明日はまた他の方々の姿でもあります。

そしてここに集う多くの人々、また、この場に参加していない多くの人々の中に、もうすでに神の火種子をカッカと力強く燃やしている者が沢山いますことを、常に念頭に置く必要があります。

人類を救う、地球を救うなどと大げさに考えることはひとつもありません。皆それぞれに、自分自身で自分を救ってまいります。

そのことの為に、いまこの地上には多くの良い魂の導き手が沢山生れています。一人や二人が〝我こそは救い主〟などと名のりをあげるような、そんな時代ではないのです。

もっとあなた方は、一人一人、自分といいますものに自信を持って下されば良いのです。本当に自分を救えるのは、自分以外の何ものでもありません。良いですね。今日はそのことをしっかりとお伝えしたいと思いました。

あいしています　いえす

ここまでで、丁度一冊分が終りました。意図的に終ったのではなく、たまたま書いていたノートがここまででいっぱいになってしまったのです。

感想はいかがでしょうか。きっと種々様々あるにちがいありません。ばかばかしいと思われた方や、嘘か本当かと首をかしげた方もおありでしょう。きっと、私を知っている沢山の人達は、「山田さん、とうとうおかしくなったかな？」なんて思われたかもしれません。

でも少しは、フフンなるほどと思って下さる方もいらして下さったら嬉しいのです。このような、ちょっと変った話ですから、いろんな反応があってあたりまえのことです。

しかし、これは初めにもお断りいたしましたように、たとえば宗教的なものであるとか、道徳の書とかいったものでは全くありません。強いて言いますなら、私の長い長い夢物語であると考えて下さるのが一番良いかと思います。

さてこれから先、ノートは十数冊もの量になっていますから、話の方はさらにさまざまに展開してまいります。そのことの、いわば予告のようなことがらが、この一冊めのノートにはそこかしこに散りばめられてあったことを、後になればきっとよくわかっていただけると思います。

さて、それではなぜこの本のタイトルを「光と影のやさしいお話」、としたかについて少し説明したいと思います。

結局これらのノート全体を貫くテーマが、その「光と影」という言葉で代表させ得る、相対の世界にかかわっていると思われることによるものです。それは次の二冊めのノートに出てくることになるのですが、私が勝手に「るしえるのうたえる詩《うた》」と名づけました数編の詩があります。その中の言葉に、次のようなものがあります。

木立があり　光があたる
そこに影は生れた
山脈《やまなみ》があり　そこに陽がのぼりきたれば
またそこに山脈の影は生れた

とあり、また別なところでは、「神がこの大蒼、宇宙を創り、物が生み出されたことにより、またその物の影も生れた……」となっていくのです。つまりこの世には、大は天の星々から、小は目に見えぬほどの微生物にいたるまで、いわゆる固体といったものが生じたことにより、そこに光が当れば、当然影は生れざるを得ない存在であるということです。

今までは二元的に考えられ、見られもしていましたことがらが、実は決して離れることの出来ないひとつのものである、と言いますことを、今こそ私達は知らなければならないということのようです。つまりそのことは、私達の持つ善悪の概念、物の考え方にまで及んで来ざるを得ない話ではないかと思います。

今まで私達人間は、ことごとく、この相対の世界で生きるように位置づけられてきました。この離れがたいふたつの側面を持つひとつのことがらを、絶えず私達は、まるで別々のものであるかのようにして受けとめ、理解し、生きてきたとは思わないでしょうか。

光と影、陰と陽、善と悪、生と死、静と動、速い遅い、軽い重い、明るい暗い、右左、表裏、前後、高い低い、その他相反するさまざまな感情の表現など、このようにして書き連ねてまいりますと、もうきりのない世界となってしまいます。

それらのことは、ただ偶然にそのようにしてあるのではなく、すべてはある神の計らい、意図のもとに私達人間の前に用意されたものである、ということを知っていくことが出来ると思います。

それともうひとつ、今までの文章の中のあちこちに天使達からの語りかけ、といったものがいくつか出てきています。そのことも少し説明しなければなりません。

現在《いま》という時代を生きています私達が、この〝天使〟といわれる存在をいったいどこまで受け入れ、信じることが出来るのか、これもまた、ひとつのテーマとなっています。もちろんこれは、昔の人達の空想の産物であるのかもしれません。しかしたとえそうであったとしましても、例えば旧約、新約の両聖書や、その他さまざまな書物や絵画の世界に天使達の姿はよく現れ、扱われてきております。東洋的なものの中でも、天人とか天女といった言い方で現れていますことは誰方もよくご存知のことと思います。ですから、昔の人達の精神世界の中には、確かに天使も天女も存在していたのでした。

私に語りかけてくる天使達は、「どうぞ、今はまだ、私達の存在をイメージしておいて下さい。そう致しますと、私達はいつまでもあなた方の中に存在し続けられるものなのですから」と申します。

少なくとも十数年も前の、まだ幼かった我が家の子供達、その子供達を通してさまざまな天使達がいろいろ語りかけてきた、という出来ごとが沢山ありました。もしかしたら、それは夢であったのかもしれません。子供達もまた、長い長い夢を見ていて、それを私に語り聞かせてくれたのかもしれません。でも、そんな夢でしたら私はもっともっと長く見続けていたいと、今の今だって思っているのですがまるでその願いが叶ったかのように、あれから十数年もたった今もまた、あのおなじみの天使達がまるで実在の人であるかのように、「お久しぶりでございます……」と語りかけてくるのです。

さあ、それでは二冊めのノートに話をすすめていくことに致します。おそらく、これから先語られてまいりますことがらは、今までよりもさらに予想外のことが多いかもしれません。ですから、私はいま一度申し上げることに致します。このことは信ずるもよし、信ぜざるもまた然りなり、の世界のことでございます……と。

ノート2

五月五日（木）　船の上

＊おはようございます。今朝はまだ、屋久島から大阪に向う船の上です。

はい、おはようございます。ゆっくり休めましたか。今回はずいぶん長い旅になりました。帰りの飛行機がとれなかったのも、こうしてみなさまと共に旅をする良い機会でありました。

私達のメッセージを参加されたみなさまに送りましたことで、みなさまの心にさまざまな疑問がまき起こりました。いったいあれは何だろう、と思った人もいますし、もっと知りたいと願っている人もいます。その人その人で関心の持ち方は違いますが、知りたいと思いはじめていることでは同じです。どうぞよい機会ですから話して差し上げて下さい。

さて今回の参加者のみなさまは、さまざまな反原発の集いに参加された方がとても多いようです。みな一様に、生命の危機を感じとって動きをはじめた人達ですね。その「生命《いのち》」ということをひとつのテーマにして、いろいろと考えてみるのは良いことかもしれません。

いま、この生命を侵すことの代表的なものとして、原子力発電の問題は人々の前に大きく立ちはだかりました。

いままでにも人々は、何か今という時代が、私達と私達の子孫の生命を侵すことがらに満ち溢れていると感じとっていました。しかしそのことは、はっきりと何によってといいますように、言葉にして言い表しにくいものを持っていました。ざっと見まわしてみたところで、世の中は実に便利で、物が豊かで、平和な佇まいをしているかに見えてしまうからなのです。

しかしそうではない、と心ある人々は何か別なものの気配を感じとっています。人々は、この生命が侵されつつあるという気配を、どこかできちんと形あるものとして捉えていきたかったにちがいありません。

人々の心は、ふつふつとしながら大きく燃えあがる日を待っていた、いわば休火山のような状態であったと言えましょう。ですから、例の伊方《いかた》原発に於ける実験の問題が持ち上ったとき、すわチェルノブイリ！　とばかりに動き出すことが出来たのです。人々の心はそのことで大いに触発され、やむにやまれぬ動きとなってまいりました。そこで人々はお互いを知り、お互いを確認し合うことが出来ました。こんなにも多くの仲間たちが、こんなにも生命のことを心配している、ということを知りました。

誤解を恐れずに申しますと、このようにして生命の貴さを訴え叫ぶことの出来る場を、人々は必要としていたということです。本当に恐ろしいことは、その原子力発電そのものではありません。本当に恐ろしいことは、今回のように人々がはっきりと生命の危機を表現し得ない状況であり、気付かずに過ごしてしまうことの在り方なのです。

誰方も、もしこのチェルノブイリの問題がなかったならば、これほどまでに大きなうねりをかもし出すことはなかったのではないでしょうか。ものごとと言いますものは、まことに裏腹な側面を持っていますことを、あなた方人々は恐れずに見ていく必要がありましょう。

原子力発電があるから恐ろしいのではなく、それらの根っこのところにいつでも人々の物の考え方、生きる姿勢の問題があるということを知って下さい。そのことをあなた方がきちんと捉えることが出来た時、その時こそ、原子力発電の持つ問題はひとつの解決を見るにちがいないのです。

いま、人々が大きく燃えあがっている時だからこそ、このこともあわせて考えていく必要がありましょう。

いえす

五月六日（金）　組織化された宗教

＊私の友人からのおたずねです。カソリックとか、プロテスタントといったような、いわば組織化された形の宗教というものについて、どのように考えたら良いのでしょうか。

はい、もともとキリスト教と言いますものは、私の説いた教えに基づく信仰形態なのですが、私自身は、いまあります姿のように種々様々に枝分かれしていくことなど、決して望んではいませんでしたし、本来そのようなものではありません。

私がみなさまにひもときましたことがらは、人がいかによく神の道を歩むか、その神の御心を、どのように日々の生活、暮しの中で活かしていくのが良いのかといった、いわば生きる智恵であり、生きるにあたっての指針として伝えたことがらなのです。ですからその時の私にとっては、教会や神殿の必要性など全くありませんでした。

私の教えはあくまでも、最も貧しい人々のものであり、最も力を持たぬ人々にもまた、神は同じように愛の心を差し向けられているのですよ、ということを伝え、希望を持っていただくことでした。もちろんそうです、決してそのような人々のためだけとは申しませんが、その当時は、そのような立場にある人々がどれだけ社会の中で虐げられていたことでしょうか。

そのころ誰よりもまず、神の愛、神の御心はすべての人々に同じように注がれているのですよ、ということを伝えて差し上げたかったのはそのような人々に対してでした。そして、人はどのような立場、どのような所に居りましょうとも、そっと心に、神の御名を呼びさえすれば、それはすぐさまその御心に届くということを知っていただきたかったのです。

私亡きあと、私の弟子達の働きはどのようなものでしたでしょうか。私と共にありました時は、やはりあなた方のお子と同じように、私という保護者のもとでその者本来の力を出しきることは出来ませんでした。どの弟子といえども、まことに弱い心を持った者であったことはバイブルを通してあなた方が知るとおりのありさまでした。

しかしひとたびこの私が人々のための生贄となった姿を見ましてからは、まるで鋼のように強い心と、そよ風のように優しい心を合わせ持つ者となりました。そして、私の残した教えを堅く守り、さらに目覚めた多くの仲間達と共に、あの荒廃の地イスラエルや各国をめぐり歩き、私の教えを広めてまいりました。

当時は教会どころか、そのような教えのための集会所さえなく、さらには石を持って迫ってくる人々の中で、どれほど苦しむ者となりましたでしょうか。しかし私の説きました教えは真《まこと》のものでありましたから、多くの犠牲を伴いながらも、少しずつ少しずつ人々の中に根を下ろしてまいりました。

人々の心が少なからず落ち着いてまいりますと、今度は、そのような心を喜ばす話を聞くために、人々は集りはじめたのです。そのようにして、いつのまにか集会の場が出来てまいりました。そのような中から、他の人よりはさらに強く、神を求めずにはいられない魂と言いますものは生れてまいりました。そのような心、魂の持ち主は、そのことを他の人にも伝えずにはいられない者となっていくのです。

しかし人が代り、時代が変ってまいりますと、そのことのみを専業とする者が多く出てまいります。また、小さな集落ごとにありました集会の場も、いつのまにか立派な、それこそ神への礼拝専用の建物が造られていくようになりました。旧き宗教、信仰形態を破ったはずのものが、すぐにまたもとの形となってしまったと言えなくもないのです。

そのような場に、私のあの十字架上の裸の姿は、神により人々に与えられた愛の証、として掲げられてまいりました。たとえそれが、ただの十字架だけだったとしましても同じことなのです。人々は、いつでもその裸の私に祈りを奉げる者となりました。

人々は、直接神なる存在へ想いをつなぐのではなく、そのイエス・キリストとしての私を通して、神へ祈りを奉げることになりました。やはり私は、人々にとっては目に見える存在でありましたから、偶像は拝まないとしながらも、私にかたどったさまざまなる偶像に手を合わせる者となり、人々は、いえ多くの聖職者は、そのことの矛盾にいささかも気付かずにこの時まで来てしまいました。

さて、教会の建造に伴い、人々の心をひとつの組織下に組み入れて行く動きはすぐさま始められました。人々の心は、ほとんど無意識のうちに何かに寄りそい、支配されていく中で自分の安心を得ようとする傾向があります。縛る者と縛られる者との関係は、いつの世にも消えることのないひとつの社会的習性となってしまっているのです。

私達はあなた方に、もっと自由になってほしいと願ってまいりましたが、そのように、形の中でしか安心が得られないのなら、それもまた致し方ないと考えています。

そうであるならば、またそのような形の中で知っていただくべきことが沢山ありました。いったん人々がつくり上げてしまった形、組織といいますものは、なかなかに崩しがたいものであることを私達もまたよく知っているのです。

形に縛られることのない人々は、それだけで充分です。しかし、形の中に在る人々にもまた、そのようなものにいつまでも縛られていることのないようにと、私達はさまざまに働きかけをしてきたつもりです。

いま私達は、はっきりと申しますならば、かつての時、あの厳しいユダヤの教えの中でがんじがらめになった人々に申しましたように、今こそは、また新しい時がやってきたのですよ、と申し上げたいのです。

それらのことを充分承知の上で、いまさまざまな教会という組織の中にある人々が、その力を良きことのためにお使い下さいますようにと願わずにはいられません。また、その組織の中で精神までも縛られることのありませんように、と申し上げたいと思います。

私の造られた形は、ひとつの象徴として教会の中に在り続けてまいりましたが、私自身、そこにいる者ではありません。私は今も昔も、これから先はなおさらにそのような形の中にとどまる者ではないことを、強く申し上げずにはいられません。
私は神の御心と同じように、人々の心のある所にはどこにでも、等しく在るものであることを知っていただきたいのです。どのように立派な教会が建とうとも、宗派が出来ましょうとも、私達は決してそのような物の中にとどまる者ではありません。そのことをこそ、あなた方にはよくよく知っていただきたいと思います。よいでしょうか。

あいしています　いえす

＊彼女は、先程答えていただいたことの内容については、ほとんどその通りであることを理解しているとのことでした。しかし、人々の中からその枠をはずし個々になった場合、ばらばらになってしまって困るのではないだろうかということ、つまりいまの私のように、直接このようにしてメッセージを受けている者はいいけれど、そうでない者にとっては、やはり良き指導者は必要なのではないですか、ということでしょうか。

はい、それではまず先に話しておきたいことがあります。私達はいまこのようにして、あなたの思考回路を使って話を展開していますことはすでに述べてあります。そのことにより、ある種の限界があることはお解りでしょう。あなた自身が、質問する内容をきちんと良く理解するように気をつけて下さい。あなたの理解の仕方により、私達の答えも多少のずれを生じることを承知して下さい。そのような時は、このようにして何度でも聞いて下されば良いのです。

それでは申します。いま私達が、あなたにこのような形でメッセージを送るようになりましたことは、本当は誰方にでも起こり得ることなのですが、現実には、やはり非常にまれな現象であるということが言えましょう。多くの方々が、このようにして直接私達と言葉を交わすことが出来ないという、そのような場合は、まず御自分の直感と言いますものを良く活用して下さいますように、と申し上げます。

人は、その生活の中のさまざまな出来ごとの中で、あるひらめき、いわば直感的な何かを感じとることがあると思います。そのようなものを感じとったとき、あまり理論的に考えすぎないことです。理屈で判断しなおそうと致しますと、もうそれは直感としての働きを失ってしまいます。失敗しても良いのです。ひらめき、あるいは直感の働きと感じたものに、自分を委ねてみることをおすすめしたいと思います。そのことの積み重ねがひとつの訓練となり、私達との回路をつなぐ道筋を作ってまいります。

しかしその回路は、必ずしも私達の魂のグループへつながるとは限りません。やはり、その人その人の持つ波動と同じ世界の者へとつながってまいります。しかし、心から自分を信じ、神を信ずる想いの中でつながるものは、それなりの良き魂と出逢っていくことをお約束いたします。そのつながった存在から、さらにひらめきは送られていくことになりましょう。

心はいつも私達、そして神へと向けておいて下さいますように、そのことが第一の条件となります。そう致しますと、そこに他に師を求める必要のない自我の確立が生れてまいります。自分一人で立つ、ということです。ものごとの判断を決して他に委ねない、ということです。このことをまず自分のものにできるかどうかがひとつの鍵ともなりましょう。

このノートをとっている彼女の場合、そのことが非常に高度に訓練されたということが言えます。彼女の場合、あらゆることがらの判断を、決して他人に委ねることはありません。もちろん、これは人に委ねることが良いと思われることについてはそのように致しますが、そのことはまた、彼女の判断であるということです。

しかしそれ以前に、先程来申し上げていますように、彼女の心の中は、すべて神のために明け渡されているということです。それはあなた方から見て、決して悪いこともしないし、人の悪口も言わない、決して怒ることもないといった、そのようなことを指して言うのではありません。そのようなことは、みなさまどうぞおやり下さいと申しましょう。そのような末梢的なことがらではなく、すべての根本に於て全き者に信を置くということです。

そのような姿が保てるようになりますと、もう何も怖いものはなくなります。宗教的な組織、政治的な組織、組合的なもの、その他実に多くの大小さまざまな組織が存在致しますが、そのようなものに決して束縛されることがありません。

さて、いま私は彼女を一人のモデルとして扱ってみました。彼女はいま、そのことを非常にいやがっていましたが、あなた（質問者）に説明するのにとても手っとり早く、わかりやすいと思いました。

さて、ここでもう一度、あなたの最初の質問に戻ることに致します。「山田さんは直接聞けるけれど、私達は……」ということです。大丈夫、彼女に出来たことなのですから、みなさまにも必ず出来る時がまいります。多少の時間差が生じるだけのことです。

いかがでしょうか、私はこのことの中に、他のすべての答えも含まれていると思うのですが、やはりもう少し具体的に話してまいりましょう。

一人一人が、みなそれぞれに組織から離れ、個々なる存在になり得たとしましても、その一人一人がまた手をつないでいくならば、それもやはりもとの組織となっていくのではないか、そのようにあなたは言っていたのだと思います。違いましたらもう一度質問しなおして下さい。かまいません。

もちろんその可能性は充分にあります、とまず申しましょう。と言いますのは、いまあなたは、あなたの中で想像出来得る範囲の中でそのことを言っているからなのです。あなたの思考がそのことをそのように限定しています。あなたがそうではないと認めたとき、認めた世界がそこに出現し、展開してまいります。

何にせよ人は、自分で自分の世界を生み出してまいります。私達は、これまでのメッセージの中で度々繰り返し述べてまいりました。その限界をとり除きますのは、貴方自身の考えによるものです。ぜひそのことを知っていただきたいと思います。

いまはまだ、教会が必要だと思う方はしっかりとその世界にいらして下さい。良き指導者に恵まれますならば、それはそれで大きな魂の成長を遂げてまいりましょう。

ひとつ何かを知りますと、いままで知らなかった世界がより大きく広がると言いますことは、良くある経験です。あなたの危惧が本当かどうかは、あなた自身で知るところとなりましょう。

またいつでもどうぞ。何回でも。

あいしています　　いえす

今日はこれくらいに致しましょう。今日、彼女は私達に良いテーマを出して下さいました。このように具体的なものがあるのは良いことです。あなたにとっても、さらに良き訓練となってまいります。

ところであなたに一言、申し上げておくことがあります。先日来あなたは、他の人達にこのメッセージが私達からのものであるということを伝えるのを、とても躊躇《ちゅうちょ》いたしております。なぜなら、このノートの私達のサインがいえすでありまりあであり、ふらんしすであり、ぶっだであるということによるものです。

もちろん、あなたは恥じているからではありません。いまこの世の中には、私達の名による予言者、または「我こそは救い主」と称する人々が、数限りなく名のり出ていることによるものです。あなたは、自分もまたその中の一人とみなされることを、内心非常に恐れていることを私達は知っています。

私達がいま、本当に私達自身であることを証明することは出来ません。これもまた、貴方が信ずるかどうかにかかっているのです。

私達はいま、貴方をこの世界に於て、預言者にするつもりはありません。また救い主、と称する者にするつもりはなおさらないことを伝えておきます。あなたは貴方の初めの本のタイトルのようにただの主婦であり、ただのおばさん、そのうちおばあさんであり続けることを私達は望んでいます。救い主は、自称救い主にまかせておきましょう。そのような肩書きなどなくても、やれることは沢山あります。小さなことがらの積み重ねの世界です。

私達の名は、言いたくなければ誰にも言う必要はありません。大事なことは、誰が言ったかではなく、言われている中味が、人々の心の中に素直に受け止められていくかどうかにかかっているのです。それでも、あなたは私達の名はとても懐かしいはずです。心地良いひびきを持っていることは否めませんね。それだけでよいと私達も思っていますよ。いつかあなたが、私達のもとに帰ってくる日を楽しみにすることにいたしましょう。

ではおやすみなさい。おつかれさま。

あいしています　いえす

五月八日(日)　映画『十戒』を久しぶりに

＊おはようございます。今日はとても良いお天気になりました。昨夜は映画『十戒』を久しぶりに観ました。忘れてしまっている場面が沢山あって、まるで初めて観たような気分でした。
はい、やはりあの映画は素晴らしい出来です。あのようにして人々は、苦役に耐え、救い主を待ち望んでいたことがよくわかります。丁度、私の時代と同じ状況があの時代にもあったのです。

今回、もう一度この映画を観る機会があったのは大変良いことでした。当時のさまざまなことがらが、非常に具体的にわかり、あなたの思考回路もその分使いやすくなります。

またこの間の、一連の出来ごとをぜひ想い起こしてみて下さい。あの屋久島でみつけた、マチュピチュの茅《かや》ぶき屋根の建物の写真は、ぜひともあなたに見てもらう必要がありました。なぜなら、あの地にはやはりあのように、あなたがかつて見たビジョンと全く同じ情景がある、ということを知ることによって、あなたはより深い確信を持つにいたると私達は思ったからなのです。

他にもいろいろあります。その時は、ただなんとなく行ったようであったり、観たかのようなものが、実は後になって本当に大きな意味を持っていた、ということを知るようになるでしょう。その時こそ、私達が意図したことがなんであったかがよくわかります。

今回の映画『十戒』などは、まさにそのようなことがらのひとつであると知って下さい。残る後半は、特にしっかりと心を尽くして観て下さることを願っております。

いえす
＊こんばんは。今日も一日が終りました。忙しくはありましたが、朝から映画を観たり、いろいろと人と話したり、良い一日でした。ありがとうございます。
はい、お疲れさまでした。今日は人それぞれに、何かしっかりと考え求めていることを知る、

といったような一日であったと思います。

あのまんじゅうハウスの主《あるじ》の話は、ことのほか大切なことがらでありました。人がこれからどのように生き、そして死んでいこうとするのか、ますます大きな問題になっていくことでしょう。いまの医学の世界は、大きな進歩を遂げたと言いますよりは、まるで無節操な進歩をなしたと言うべきでありましょう。いまこそ一人一人が、そのことをもう少ししっかりと見すえていくべきときであります。あの方は、まことに良い視点に気付いております。これらのことは、もっと他の人達とも話題にしていくと良いですね。

さて、今夜はやはり、なんと言いましてもあなたのエジプト行きの決意が出来たことを喜びたいと思います。夏までにはもう少し時があります。その間に少しずつ、なすべきことを伝えていくことにいたしましょう。

今日のあの映画で観ましたように、あの国はまことに大きく栄えた国でありました。いまはもうその頃の栄華の面影は跡形もありませんが、しかし残るべきものはしっかりと残り、この大地の上に堂々とそびえ立っているのです。そして、かつてのゆかりの者たちの訪れを、きっと待ち続けているにちがいありません。

さて、どうでしたか。やはりあのシナイ山でのシーンはいずれも良い出来です。しかし実際は、まだまだあのようなものではなかったのです。あの出来ごとは、とうてい人の力で映像化出来ることがらではありません。

まことに彼は、偉大な魂の持ち主でありました。彼ほどに、より神のそば近くに呼ばれた者はいないと言っても良いのです。

あの、人々の群れを見ましたか。まだまだ多かったのです。とうていエキストラでは間に合わない数にのぼっていたのです。

あれほどの、大きくドラマティックになされた奇蹟はまたとありません。私のそれが、非常に静的なものであるのに対し、彼のものは、大地をも揺るがすほどのものでした。

そして、彼のそば近くに伴うさまざまな人々を見ましたか。一人一人が、まことに個性を持って配されておりました。あの物語は、たとえ異教の者であっても、同じ神の御心に叶う人々が沢山いることの教えでもあるのですが、その代表的人物が彼を葦《あし》の中から拾いあげて育てたファラオの娘であったことは言うまでもありません。

しかし、あの映画の全体像から何を感じるでしょうか？ すべては役まわりです。誰一人として、ただ偶然にあのような立場に置かれたのではありません。あの物語は、全き神の意図されたものであると同時に、多くの人々にとりましては、さまざまなカルマの解消の場でありました。人々は、あのドラマに心から喜んで参加したものであることを知って下さい。

しかし、現代といいますこの時代は、かつての時のように一人の目立った人物、救い主と呼びましょうか、そのような者を必要としてはいません。あまねく一人一人の胸のうちに、偉大な救い主は宿ります。なぜなら、肉の身にありましては、必ず限界というものがあるからなのです。おわかりですか?

今日はもうこれで休みましょう。おやすみなさい。

いえす

五月九日(月)　今朝もまた良いお天気

＊おはようございます。今朝もまことに良いお天気のようです。今日はちょっと忙しいのですが。
はい、おはようございます。まことによく晴れわたりました。気持の良い、さわやかな風が吹いています。昼間は少し暑くなるかもしれませんね。

今朝は、あなたは自分の言葉といいますか、自分の文章で日記をつけようと考えていました。そうです、私達とのこのような出来ごとが始まりましてから、今日はちょうどひと月になりますね。ずいぶん沢山書いてまいりました。もうこのことにずいぶん慣れてきました。前ほどの抵抗はないでしょうが、私達がつい力を入れて話そうといたしますと、やはり強い筆圧がかかるようですね。

このようにして、私達からの言葉を感じとると言いますことも、ほとんど問題なくなっているようです。ただこの前のように、自分以外の人に私達からの答えを伝えようとしますときには、まだあなた自身の中に、なんとかきちんとした、つまり辻褄の合ったものであってほしいという願望が働きます。このことにより、逆に私達の言葉の方をコントロールしようとする無意識の力が働き、かえってやりにくいのです。出来るだけリラックスし、どんな解答になろうともかまわない、といった、まかせきる姿勢が出来ると良いと思います。

まあ、これも徐々に出来てまいりましょう。わずかひと月にしては良く出来ています。あなた自身にこのようにして伝えますときと、あのように、あなたでない人への解答の場合とでは、あなたの中に生じる自信のなさが影響していくのです。これもまたひとつの訓練ですから、避けないでやってまいりましょう。

考えていないで、さあ、ペンを動かしてごらんなさい。私達の方はいつでもその用意が出来ています。それとも、やはり日記風に書いてみますか？　いえ、このことがすでにあなたにとっては日記のようなものなのです。それ以上でもありますけれど……。もし、いま落ち着かないようでしたら、このことはあとにして、いろいろ仕事をすませてしまうのが良いと思います。

さあ、それではまた続けてみましょうか。あなたは先程からエドガー・ケーシーの本を再読し始めました。前に読んだ時とは違い、新しい視点の上で読むことが出来ています。いまあなたに起きていますことの、ひとつの参考書的な役割をすることになりそうです。その中から拾いあげることの出来るテーマはいくつかあります。そして、それらのことはすべて、あなたにとりまして馴染みのことがらばかりなのですから、理解するのも早いにちがいありません。

その中にあることのひとつに、現代科学の中での進化論と、聖書の中の天地創造なる話とのあまりのギャップに、やはり宗教、と言いますよりは、はっきり言ってキリスト教の世界におきましては、科学のがわに一歩二歩どころか、大いに譲歩せざるを得ない状況に陥ったという話がありました。そのことはつまり、人々があまりにもそのままに、いまあるあの聖書と言いますものを受け止めようとしたからに他なりません。

先日も申しましたように、あのアダムとイヴの話が誕生致しましたとき、この地上にはすでに、他の多くの民族の存在があったということを知る必要があります。

先日、モーゼの話の中でも申しましたように、アブラハムをさらに逆のぼりますこと二千年の彼方に、このドラマの始祖であるアダムとイヴがなぜ置かれたのかを、もう一度あなた方は考えてみなければいけません。ただ額面通りにあの聖書を読んでしまってはいけないのです。

これらのことがらは決して恐れることなく、いまこそ人々の前に明らかにしていくべき時に至っていると言えます。

なまじ聖書など知らぬ人々はとても柔軟にものごとを考えることが出来ます。私達のこの肉体を形づくり、また生命を維持しているものは、非常に高度なエネルギーそのものであります、と言った方が、ずっと通じやすいのです。そのエネルギーを司るものこそ、神と呼ばれる存在である、と言った方がずっとわかりやすいことでしょう。

それらのエネルギーは、さまざまな長さの波動を持ち、すべての事物はそのいずれかの波動に合一するものであります。その波動の長短に即して、さまざまな物質は固体を保ち続けております。人の精神状態もまた、その域をはずれるものではありません。物を固体化させている波動より、さらに、いえ、はるかに微小なる波動にそれは属するものであり、その度合により、人それぞれの精神的レベルが定められていきます。しかしそれは、どのように粗い波動でありましても物ではありませんから、より神の波動に近いものであることは言うまでもありません。

この世とは、いったい何であるのか。まさしくこの波動の変化をきたすために用意された学びの場であり、変電所であると言っても過言ではありません。

人の歴史とは何であるのか。たとえそれがイエス・キリストにまつわるものであれなんであれ、神との合一へと向うための目的を持った一大ドラマであり、大いなる旅路であると言えます。

簡単に言ってしまえば、このようなことなのですが、人はそのように単純には生きてはこなかったのです。さまざまな歴史、ドラマを繰り返しながらいまといいます時代にまで辿り着いたと言えましょう。

日常的な、あまりに日常的なことがらだけに目をとめていないで、時にはこのような、神にまつわることがらにも目を向けてほしい、と私達は心より願っているのですが、やはりそういう意味では、宗教といいますものの果たしました役割は、とても大きいと言わざるを得ません。その中にありましていまあなたは、宗教、あるいは教会、寺院、そして組織といいますものを離れた所で、神そのものを体現していこうとしています。おそらく多くの人々が納得して下さることになりましょう。

またのちほど。

いえす

五月十一日（水）　ケーシーによる霊魂のお話

＊こんにちは。このように、ぽっと一人でいる時間がとれるなんて、とても嬉しくてなりません。お聞きしたいことはいくつかあります。エドガー・ケーシーによる霊魂のお話ですが。

はい、いままでもあなたにはこのことを断片的に伝えてあります。私達の魂、いわゆる霊魂が、なぜこの宇宙に存在するかにつきましては、もちろんあなただけではなく、実に多くの人々が知りたがっていることがらのひとつではないかと思います。

それでは、少し彼ケーシーのリーディングに沿うような形で話していくことに致しましょう。

まずはじめに、神は実に多くの霊魂、霊なる存在をお創りになりました。それは、もちろんのことながら神御自身の分霊、分身としての魂であったのです。したがいまして、それら同時に創られました存在たちは、ほとんど同じような特質を持っていたことは当然のことでした。

みな、いまだ肉体を持たず、ほとんど光そのものの状態のままに、この真空なる宇宙空間に浮遊していたと考えて下さい。

神は、このひとつひとつの魂の中に、御自分の中にあるさまざまな要素、つまり特質を吹きこまれました。ここではじめて、霊魂は個性というものを持つことになったのです。

人の目から見まして、ほとんど〝無〟そのものでしかないこの大いなる宇宙の中に、いわゆる〝天地創造〟、という言葉で表現されていますます創造活動が始められましたのは、実にそのあとのことになります。

私達、神によって創られました霊魂そのものの特質は、その時はまだ清浄そのものであり、シンプルきわまりないものでありました。神は、この私達と共にいとも健やかに、明るく希望に満ち充ちて宇宙界のあらゆることがらの創造をお始めになられました。それはいま、人としての肉体、そして人としての小さな精神をしか有さないあなた方にそのまま伝えますことは不可能なほど、神秘的な出来ごとでありました。またとても雄大な物語でもあるのです。

これらの出来ごとは、いまあなた方の持っていますす思考や言葉の範囲では限界があり、とても表現することは出来ません。まだあなた方人々には、秘められた部分の方が多いのです。しかし、非常に簡略化した形で伝えることは出来ます。それがまた、聖書に記されております物語であったり、多くの霊視者の口を通じて伝えられたことがらでもあります。

それは、その伝えることになりました者の持つ力がどこまでを感じ、視ることが出来るかによって、その表現される内容にさまざまな違いが生じますが、それは事実の相違ではもちろんなく、あくまでもそれを受け止め、表現するがわの個性の違いによるものと知って下さい。ですから、いま私達はここに、あなたの理解しうる範囲でしかこのことを伝えることは出来ません。そのことを良く承知しておいて下さい。

では、先程の話の続きをいたしましょう。

さて、いまここで、と申しますか、現代という社会機構の中では聖書に記されましたことがらと、いわば科学的に見る進化の世界、つまり進化論とのあまりの差、ギャップにあい、こと

郵便はがき

恐縮ですが
切手をお貼り
ください

1 0 1 - 0 0 5 1

東京都千代田区神田神保町3-2
高橋ビル2階

株式会社 ナチュラルスピリット

愛読者カード係 行

フリガナ		性別
お名前		男・女

年齢	歳	ご職業	
ご住所	〒		
電話			
FAX			
E-mail			
お買上書店	都道府県	市区郡	書店

ご愛読者カード

ご購読ありがとうございました。このカードは今後の参考にさせていただきたいと思いますので、アンケートにご記入のうえ、お送りくださいますようお願いいたします。
小社では、メールマガジン「ナチュラルスピリット通信」(無料)を発行しています。
ご登録は、小社ホームページよりお願いします。**https://www.naturalspirit.co.jp/**
最新の情報を配信しておりますので、ぜひご利用下さい。

●お買い上げいただいた本のタイトル

●この本をどこでお知りになりましたか。

1. 書店で見て
2. 知人の紹介
3. 新聞・雑誌広告で見て
4. DM
5. その他 (   )

●ご購読の動機

●この本をお読みになってのご感想をお聞かせください。

●今後どのような本の出版を希望されますか？

購入申込書

本と郵便振替用紙をお送りしますので到着しだいお振込みください(送料をご負担いただきます)

書　籍　名	冊数
	冊
	冊

●弊社からのDMを送らせていただく場合がありますがよろしいでしょうか？

□はい　□いいえ

に聖職者の中にありましては、神への信仰と、あきらかな科学的事実関係との間をどう埋めたら良いのか、どう理解すべきかに苦しむ者が多く存在しております。丁度二千年前の神職者達、サドカイ人のような経験をいま彼らはしているのです。

いまここに来て、どのように大きく世界が変化し、宇宙的な出来ごとの中に私達が存在しているかを知るべき時でありますのに、彼らはまだ、ひたすら聖書の中だけにその答えを見ようとしています。もちろん、聖書も本当に良く読み込んで下されば、これらのことの片鱗はそこかしこにちりばめられ語られているのですが、その大事な言葉の大部分は、この歴史の中で無理解と無知の上で切り捨てられ抹殺されてしまっているのです。

時代もここまできますと、聖書の中味と、科学的な見方のどちらをとるかといったような、いわば二者択一的な時ではなくなってまいりました。神の創造活動は間違いもなく、気の遠くなるほど多くの時の流れの中で、つまり、進化という形をとりながらなされてまいりました。私達は、まさにその参入者でありました。私達は確かに、その神の秘儀を共に担ってきた者であったことを告げたいと思います。

多くの霊魂にとりまして、それらの時の流れはどれほどのものであったか計り知れないのですが、その流れの中にありましてさまざまな変化は生じてまいりました。

これら無数の霊魂のひとつひとつには、何ひとつ漏れることなく、神そのものの要素と自由意志とが備えられていました。しかし、あなた方の知る多くの霊魂は、それぞれに違いがあり、それが個性ともなっているのですが、そのことがまた、神といいます存在の持つひとつひとつの要素であり、個性というものであります。

この多くの魂のほとんどは、その後いったん、ある途方もない秘儀により非常に粗いエネルギー波動を持つ、いわば物、物質と言っても良い所まで堕ちてまいります。そのことが、いわば堕天使の物語でいわれるサタンの世界、ネガティヴな波動の世界と言えます。それは一人の偉大なる天使、ルシエルの名によって表現され語られてはいるのですが、もちろんそれは、これらのことを集約した姿であることは言うまでもありません。

ですからこれらのことがらは、あなた方が考えますよりも、どれほど古く歴史を逆のぼることになりますか、想像のほかのことと言えましょう。よく、太古とも言い、太初《はじめ》とも言うべき時代のことがらであります。

その頃の霊魂は、肉体などもちろんありませんでした。肉体をまとうのは、それよりずっとあとのことになります。何しろ、まとうべき肉体の創造、進化を待つ必要があったからなのです。

しかし、ここにもうひとつの考え方もあることを、同時に伝えておきましょう。いわば、よく人々が奇蹟という言葉で表現致します多くのことがらのことです。そのような多くの時間的な経過を、ある種の秘儀により、極度に短縮し、即座に現す（実現してしまう）ことも可能であるということです。それらのことは、私達の歴史の中にほとんど史実と言っても良い形で記録され、表現されてきております。このこともまた事実なのです。

前にも申しましたように、私達の前には、すべてが完了されたひとつの次元しかないということです。場合によりましては実に気長に多くの時間をかけ、物によっては即座に完了させる、ということがなされてきています。ですから、これら天地創造の物語は、いわゆるあなた方の言う、一元的な物の見方だけでは解決いたしません。

このことにより、いわば科学的進化論が正しいとか、聖書の記述は間違っている、と言ってしまうことは出来ません。そのどちらも真実であると言いますことを、とりあえず理解していただきたく思います。

さてある時、人としての肉体は完成いたしました。いままでこの真空の大蒼に浮遊し、待機していました数々の霊魂は、この時すすんでその肉体へと下降してまいりました。中には、入れるものであれば何でもと、人でない生き物の中に入ってしまった霊魂もあったのです。しかし、それにはそれなりの理由がありました。しかしこの話はあとにゆずることに致しましょう。

肉体の完了とは言いましても、神の自由意志を持つ霊魂にとりましては、まことに不備な部分が多くありましたが、それもまた少しずつ、進化の過程の中で変ってまいりました。ここに初めて人は、人間としての生活を始めるに至りました。

しかしここで、いま一度述べておく必要のあることがあります。そのようにして肉体に宿ることになりました霊魂のすべては、それ以前に、すでにさまざまな特性、個性を持っていたということです。そうでなければ、これら霊魂を宿しました人間の肉体といいますものは、まるで同じ工場で同時に生産されたロボットと同じことになってしまいます。私達人間はそうではなかったのです。もちろん、すべての霊魂といいますものは、同じ神から分かたれたものでありますから、基本的には同じであるということは言えるのです。

さて、このようにして多く生み出されました人々の中には、やはり意図的に神の意を汲み、人々の向うべき方向を指し示す、いわゆる霊的な指導者といいますものが絶えず置かれてまいりました。ことに、時代を逆のぼればのぼりますほどに、その例は顕著であったと言えるのです。

その指導者の指し示す方向とは、全き神への回帰の旅路であったことは言うまでもありません。一人の偉大な指導者モーゼに率いられて、約束の地、カナンに向ったヘブライの民人の姿もまた、その中のひとつでありました。

もちろんこれから先、この宇宙大に繰り広げられていこうとしていますドラマもまた、そうであると言えます。そのことにより、私達は間違いなくひとつの目的に向うことが出来るのです。

少しお休みいたしましょう。

いえす

＊こんばんは。今夜はお店のお当番です。珍しくお客さまも少なく、静かな夜です。
はい、そのようです。それではまた話してまいりましょう。

彼ケーシーは、その生存中に本当に沢山の、多岐にわたるリーディングを残していきました。いまその記録が、どれほど多くの人々の人生を援け、力づけているかは計り知れないものがあります。

彼が世にありましたとき、そしていまも残る多くの人達は、本当にこれらのことのために良く働きました。ことに彼ケーシーがとても敬虔なクリスチャンであったこと、またこの世的な意味でのエリートではなかったことなどは、これらの出来ごとに信憑性を持たす上でとても大切なことでした。この世的な知識の取得と、神の真実を伝えますこととは決してつながっているものではないということなのです。何より大切なことは、学問的なことがらではなく、何にもまして神への信を貫くという心根と、生きる姿と言って良いのです。

今と違って、彼の生きました時代、環境の中ではいま私達が最大のテーマとしています輪廻転生の概念は全く受け入れられる要素はなく、むしろ神への冒瀆とさえ言われるような状況でした。そのことは、彼自身の中に一番良く現れていたとも言えるのです。しかし、私達がこれから迎えようとしています時代は、たとえ人々の信条が何であれ、この概念を受け入れることでしか成り立たないことなのです。その意味で彼は、西洋文明の中にありましてまさしく先駆者の役割を担った者でありました。彼のこの生がなかったならば、またシャーリーの書いた本も、なかなか人の受け入れるところとはならなかったと思われます。

ですから、ケーシーとシャーリーの著作は、この大事なテーマに関する最もわかりやすく、信憑性の高いものと言えます。もちろん他にも、さまざまな人々によって同じようなことは語られています。それはそれで、またその魂に属する人々の手にしっかりと受け止められていきつつあります。ですから、私達のこのことがらだけが全てであり、完璧なものであるとは思わないで下さい。

いえす

五月十二日（木）　暇さえあれば

＊私は、あまりこれらのことに捉われすぎているでしょうか。いつもいつも、暇さえあればこ

うしていたいのです。

そうですね。そのきらいはありますが、私達の方で仕向けたことですから仕方がありません。とりあえず皆さまにお伝えするべき初歩的なことがらは、いままでの中で、だいぶお話し出来ていると思います。いずれもっと解りやすくするために、このノート全体を整理する必要はあるでしょう。そうしますと、またいろいろなことがはっきりと致します。

人が本当に知りたいことが何であるかは、もちろんその人その人で異りますし、場合によっては知りたいこと自体がわからないということもあるでしょう。そのような方にとりましては、まとめられたものにしろ、断片的なものであるにしても、与えられました情報にふれることで、逆に自分の求めていたものが何であったかを知ることになりましょう。

いずれに致しましても、いま私達が急いでいますのは、このような情報が出来るだけ広く大勢の人々の中に伝えられ、その人にとっての考える判断材料となり、生きる上での指針ともなりますようにということなのですが、もちろん、いまはそればかりではありません。人々がこのことを知ろうと知るまいと、この宇宙の仕組、神の摂理にのっとって、いま、ある出来ごとが進行中であります。

また書きづらくなりましたか、少しお休みなさい。あなたの寝不足が、私達の力を受け止めきれずにいます。

＊もう大丈夫です。ひと休みしました。おなかの方もＯＫです。

はい、それでは先程の続きとまいりましょう。いま私達は、あなたにはこのことに非常にこだわっていただきたいのです。どのようにしたらより効果的に、出来るだけ多くの人々にこのことを伝えることが出来るだろうかということです。

いまあなたは、そのすぐ近くにありますボックスの猫の絵、と言いますより、彼等の何かひたむきに見つめる愛らしく美しい瞳に魅せられてしまっていました。そうです、このように美しく素直な姿と心が、私達人間のあいだからは本当に失われてしまったのです。

いま私達が申し上げたいことの第一は、まずこのような心と姿で神の方に向きなおっていただきたい、ということです。そういたしますと、すべてのことがらは、本当に素直に人々の心に映るようになることでしょう。

そのような心で見る世界は、とても美しく、素晴らしい世界なのですけれど、人はいつのまにかそのような世界に幕をひき、むしろ見まいとしています。それどころか、この世界は暗く冷たく恐ろしく、良いことは何ひとつないとさえ思い始めているのですね。これはとても大変なことだとは思いませんか。

つまり、なぜ人はそのように刹那《せつな》的になり、自虐的になってしまったのでしょうか。結局人々は、自分の向うべき方向を見失ってしまったのです。私達がどこからどこに向い、いまどこに居るのかというとても大切なことがらを、多くの人々が見失ってしまいました。いま私達一人一人が、このようにして地球という大地の上にしっかりと置かれ、生かされていることの意味を知る術《すべ》を見失ってしまったと言えましょう。人はたまたま偶然にこの世に生を受け、生を受けた故に仕方なく生きているのだと思ってしまっている人が、どんなに大勢いることでしょうか。

そして、その次に来るものは何でありましょうか。もちろん、死であります。人々がいま、この「死」という現実的な出来ごとをいったいどのように捉えていますかを、少し考えてみることに致します。

しっかりと年老いて死を迎える人も、もちろん多く在りますが、中には不慮の死を遂げる方もいらっしゃいますし、まれには自ら命を断ってしまう方々もあります。いずれも同じ「死」という姿をとりは致しますが、その結果生じる世界は大きく違ってしまいます。

ごく自然に老いはてて迎える死は、いわば神のふところに何の迷いもなくすっと運ばれてまいりますが、たとえば、病による死などは、その病んだ本人の自覚、つまり死に対する自覚次第では大いに差異が生じます。

死と言いますものを、人は本当はどのように捉えているでしょうか。これこそまことに人さまざまな世界であります。誰がいったい死に対して、あの恐れ、恐怖心というものを植えつけたのでしょうか。

また死後の世界は、人によって在るとする者、しない者とに分かれてまいります。キリスト教の世界では〝有る〟、つまり「永遠の生命」という言い方はしますが、輪廻転生としては捉えていません。また何もない、無であるとする人々も意外と多いのですね。死んでしまったらそれで終り。だからこそ、一回しかないこの生を悔いのないようにしっかり生きようとする者と、死んだら何も残らないのだから生きてるうちが華よ、となってしまう人達がいるようです。

そう言えばあなた自身も、ずいぶんこの死というものについて考えた時期がありました。死んだらいったいどうなるのかしら、と。そのあげくにあなたは、先程の前者の姿をとりました。もし死のあとに何もないとしたら、今をこそ精いっぱい生きようと、いつもいつも心に誓っていた日々が続きました。

はっきりとあなたが死後の世界を自覚し、実は私達の生命は何回も生れ変りを繰り返している永遠の存在である、と気付きましたのは、私達があなたのお子さん達を通して、直接のかかわりを持ちました十数年前からのことでした。そのことであなたの人生観は、信じがたい程の変換をいたしました。世界がぐんと広がり、宇宙規模の心の広がりを見せはじめたのです。

そうです、話を少し前に戻しましょう。病で死ぬとか、不慮の死を遂げると申しましても、それはその時の死の形であると言えるのです。病死であれ事故死であれ、それ以前に人それぞれの死生観というものが存在いたします。

つまり、死後の世界をはっきり自覚し、そのことを前提として生きてきた人にとりましては、死というひとつの儀式を通過致しますことは、さして困難なことではありません。むしろある意味では、また新しい希望の時であり、心からの充足感を味わうときでもあるのですが、今生の生への執着しか持ち得ていなかった人にとりましては大変です。どのような形で死んだにせよ、なかなか自分の死といいますものを認めようと致しません。それ故に、この世的なありとあらゆることがらにしがみついて離れようとしないのです。したがいまして、なかなか次の新しいステップへと踏み出せないのですが、それもまた時間の問題ではあります。

仏教的な習慣の中では、死後四十九日間を霊が去りやらぬ日と定め、遺骨を埋葬しませんがそれもまた一理あることなのです。死を迎えた人に、自分の死、つまり肉体を離れる時がきた、ということをわきまえてもらう必要があるからなのです。

先に私達は、死を迎えました霊魂は、すべてその霊の持つ波動に応じて分かれていくと申しました。その分かれました波動の世界は、その霊魂が生前絶えずその心の中に持っていました一番大きな関心事と、同じ世界であると言うことです。

このように私達が、〝死後の世界〟などと申しますと、人によりましては、まるで次元の低いことのように受け止める方もおありでしょう。場合によりましては、笑ってとり合わない方もおいでのことと思います。それはそれで仕方がありませんが、私達生命を持つ者にとりましては、生か死かのふたつしかないのですから、それはとても大切なことなのです。

このふたつの現象は、丁度、紙の裏表のような関係であると思って下さると良いのです。あなた方は、紙の表がわだけを有することが出来ませんように、死とは絶えずとなり合わせの関係なのです。あっという間に、生は死へと転換致します。しかし、死（これも形を変えた生そのものではありますが）から生への転換は、そう即座にはまいりません。そのためには、それなりの時を要します。

いいでしょうか、死、つまり死後の世界といいますのは、あなた方にとりましてはまさに、生死にかかわる重大な出来ごとであると言えるのです。

このことはまたあとで話しましょう。

いえす

解説　「ルシエル」というサインについて

まだノートの方は、切りの良いところまでいったわけではありませんが、私はここで、少しばかり説明を加えてみたいと思います。

私がこのノートをとり始めてから約一カ月ほどになりました。どこか半信半疑のまま、ほんのわずかの友人達にこれらの出来ごとを話してはみましたものの、逆に一番身近に居る家族には、結局何をどう話して良いかわからないままに、ここまで来てしまいました。

これらのことを話した友人達も、やはり何と言っていいか私と同じように半信半疑、「おそらくそれは、山田さんの潜在意識があらわれて、どうのこうの……」と、いろいろと分析してくれる人も居ますし、なんて返事のしようもなく、ただ黙って聞いてる人、「うん、面白そう、面白いじゃない！」と言ってくれる人、もう何の理屈もなく無条件に信じて下さる人達、と反応はさまざまでした。

はじめ、これらの記述をする時、私は非常に性能の高い車を運転している時のような、滑らかさとスピード感を味わいました。こちらがちょっとアクセルを踏むと、さっと滑るように走り出す、そんな感覚でした。でも時々、オットット待ってくれ……といったような、つまり、ついていけないような感じがしたことが何回もありました。それでも、少しずつ少しずつ、そのスピード感に慣れていったのです。何しろ、他の手紙や原稿を書くときと違って、自分で考えなくても良いというか、文章を組み立てなくて良いわけですから、短い時間にかなりの量が書けてしまいます。

書いている最中は、何か辻褄が合っているようないないような、なんとも妙な思いでいるのですが、あとから読み返してみますと、まあ、なんとかなっているじゃない？　というわけなのです。とはいいましても、その日その日の調子や気分で、いろいろなことにはなってしまいます。非常に整っているときと、なんともちぐはぐでぎこちない感じのあるときとがありました。

ところがそんなある日、ふっと、今までにない新しい感覚といいますか、違う力が働いてまいりました。書いている文字が、まるで別な力、風にでも押されているかのように、左から右へ、サササッとなびくようにして書かれていくのです。

あれっ？　これは何？　そんなことってあるかしら？　とばかり、もう一度書いてみました。すると、なんとまた同じような現象が起きるのでした。

ウン、これは一人で楽しんでいるにはもったいない、とばかり、私は近所に住む若いお母さんをデンワで誘いました。

「ネ、ちょっと面白いこと見たいと思わない？」

彼女はやって来ました。でも、私の方はちょっぴり不安です。いったい、他の人の前でもそんなことって起きるのかしら？　と思ったのです。でも、だいたいこんなこと毎日ノートに書いてること自体おかしなことなんだから、だめでもともと、やってみよ！　というわけで、私は広げた紙に文字を書いてみました。ところが、やっぱりその文字は同じように左から右に流れていくのです。

「なんですか、これ？　山田さん、いったいどうしたの？」

と、彼女は私の顔を見て、驚いたり笑ったりしています。

「いったい何だと思う？　私にも何だかわからない。でも、ほら、字を書くとこうなってしまうのよ。面白いと思わない？」

「わざとやってるんじゃないですか？」

「そうじゃないわよ」

「ワァーッ、不思議！　面白い、もういっぺんやってみて？」

というわけで、二人でしばらく楽しんでしまったのです。

「でも山田さん、こんなことって、あっていいんですか？」

とかなんとか言いながら、彼女はそのふざけたような、風に吹かれた文字を持って帰っていったのです。

二人でころげて笑ってはみたものの、やっぱりそれは、なんだか解らない不思議な現象だったのです。

実はこんなこと、まだまだ序の口で、本当はもっともっといろんなことが起きていくわけですが、その日を境に、私のノートにはまっすぐ書いた文字のあとに必ず一、二行、そのような文字が現れるようになりました。それは日々、とても強くなっていって、最後にはとても縦書きにしてはいられなくて、ノートの向きを変え、横書きにしてしまった位なのです。

私はもともとは横書きが多かったのです。手紙でもそうでした。ところが、このように視えない世界からのものを書くようになった時から、縦書きにするようになっていたのです。日本の文字は、横よりも縦に書いた方が速く書けますし、気の流れもとても良いのです。

ところがこのような力が働きますと、縦書きはとても厳しい状態になってしまい、時々ノートを横にしてしまったのです。そしてこの力は、〝陰〟の力です、という説明がずっと後になってなされるのですが、私にはそれが本当に陰なのか、陽なのかは解らなかったのです。

ところがある日突然、今までのサインの存在とは全く異った存在が、名のりをあげてまいりました。

「はい、私はルシエルです。驚きましたか？　いま私は、あなたへのエネルギーをなんとかやさしくコントロールしようとしています。私のエネルギーは非常に強いので、なかなか誰方にでもはキャッチ出来ません。この間約一カ月、あなたは彼イエスによって、非常に高度にこれらの訓練を受けてまいりました。まだ少し早いような気もしますが、今このようにして、私が直接語りかけてみることに致しました……」

とかなんとかいうわけなのでした。

その日を境にして、と言いますか、それからしばらくしますと今度は私のノートに、この名前の存在からの語りかけが続いていくことになりました。私はやはり、本当にはあまりよくわからないままに、その話の内容に魅せられながら、次々とノートをいっぱいにしていったのです。

五月十五日（日）　誰も相棒が来ないので

＊こんにちは。今日は「グリーンウォーク」という催しがあって、少しくたびれるほど歩いて

みました。誰も相棒が来ないでひとりぼっちでした。

はいその通り、ごくろうさまでした。たまには車から降りて、緑の中を歩いてみるのもいいものです。そうしますと、自分の体力もよくわかります。いまは年齢的にも一番不安定なときです。ていねいにこの時期を乗り切ることも考えていかなければいけませんね。

他の方たちが来なかったのはとても残念でしたけれど、あなたが歩いてみて、いかがでしたか。とても良い散歩道のようですので、他の方たちにもその旨を伝えて、歩いてみていただくといいですね。いろんなところで、いろんなことを考えている人達が沢山います。そしてその姿を見るのはとても良いものです。

あのような緑を見ますと、東京もまだまだ捨てたものではありません。あのような自然環境が残っていますことを喜び、大切にしていく心を育てるようにするといいのですね。歩くということは、とても良いことです。

あの緑の木かげにある、しっとりと落ち着いた家々が、あなたはとても羨ましかったのではないですか。

人はさまざまな環境の中で暮します。もっと湿った地域に住む者もいれば、ぱっさりと乾燥しきったところに暮す人達もいるのです。みなさんいずれかの転生でかならず、このようなさまざまな所で人生を送ってまいりました。決して他を羨ましがることはありません。あるときは王者の暮しをなし、あるときはまるで物乞いの生を生きてきたこともありましょう。どのような生にありましても、その人にとりましては、必ずとても大切な生であったと言うことなのです。

いえす

五月十六日（月）　今日もまた　一日の始まり

＊おはようございます。今日もまた、一日の始まりを迎えました。
はい、おはようございます。このようにして、悠久の時の流れがきざまれてまいります。昨日を生き、今日を生き、そして明日へとつながる時の流れの中で、私達は永遠に生きてまいります。

考えてみますと、まことに長い旅路であり、ただ目的もなく生きるといたしますと、この巨大な時空の中で己れを見失い、埋没してしまうことでありましょう。そうです、昨日も今日も、そして明日も、何の変化もなく考えることもなく、目的もなくとなってしまいますと、人生とは、まあなんとつまらないものでしょうか。ふと人が落ちこむ、これは虚無感といっても良い現象なのですが、たいていの方々は、やはり家族があり、仕事があり、友人知人がありなどで、すぐにこのような感情からは抜け出すことが出来ます。

しかし、この大きな都会の中には、そのような人と人との関係を何も持っていない若者や年老いた人々も住んでいます。そのような方々は、決して自分から名のり出てくることはありませんので、都会のあちこちにそっとちぢこまり、人知れず空しい日々を送っていることでしょう。

そのような年老いた人達は、ただ死を迎える日に向けて生きていると言っても言いすぎではないでしょう。年老いた者はそれでもまだ良いのです。その人その人なりに生きた人生があり、人によりましては、その過去のさまざまな出来ごとを、繰り返し繰り返し思い出すことで、己れをなぐさめることも出来ます。

しかし目的を見失った若者の場合は、まことにそれは、悲劇であると言わざるを得ません。あなたも一人で生活した若い頃の経験というものがありますから、ふと陥るそのような感覚と言いますものは、良くわかるにちがいありません。ふうっと、自分が世の中のすべての出来ごとから切り離され、まるで糸の切れた凧のように、はてしのない中空をただあてもなくただよっているかのように頼りなく、寂しく、不安な状態に置かれてしまいます。

そのような若者達をどのようにして私達は、彼本来の生きる目的の中に連れ戻すことが出来るでしょうか。この都市空間の中に、ひっそりと埋没してしまっている彼らを、どのようにして見つけ出していけるかを、私達も共に考えていく必要があります。

とりあえずは日常的な日々の暮しの中で、まず自分自身の置かれた立場や場所、自分のありようをしっかりと見つめていくと良いのです。

良きにつけ悪しきにつけ、そのときそのときの自分の姿がまた、人々をも映す鏡ともなりましょう。自分が非常に安定して良い状態のときには、人のこと、世の中のありとあらゆることがらを、その心の状態の目で捉えてまいりますので、非常に落ち着き、冷静に、しかも温く見ていくことが出来ます。そして、その自分の波動は相手の同じような側面へとつながってまいりますから、そのように人を受け止めていくことが出来るようになっていくのです。

このことはとても大切なことなのですが、人はとかく相手、または世の中、社会の悪い側面だけを捉えてしまいがちです。何によらず、ものごとは良否どちらをも合わせ持っているものです。そのどちらの面を多く捉えるかは、まことにそれを見るがわの心のあり方にかかってまいります。

ほら、まことに人は良く言うではありませんか、「自分の物差しで人を測る」と。これらのことは、この言葉で良く表現されているとは思いませんか。人はそれぞれに自分自身の物差しで、人も物事もすべてを測り、見ていくのが当りまえになってしまっています。

あなたのまわりの一人一人の方々が、これらのことに少しでも早く気付き、まず自分を良きことの物差しにして下されば、世の中はずいぶん平和におだやかになっていくことと思います。

しかしどうでしょう。現代《いま》の、いわゆる戦後の教育を身につけた人々の多くは、そのように自分を、世の中を見ようとはいたしません。いつでも、どのような立場にありましても、悪いのは世の中であり、社会であり、国家であり、各種の地方行政であり、企業であり、学校であり、教育であり、自分以外のありとあらゆる人間のあり方であるとする人が多いのです。残念ながら悪いのは他であり、自分たちは犠牲者であるとする、悲しい習性となってしまいました。

さあ、時間があまりないようです。またあとで話しましょう。

いえす

＊昨日のグリーンウォークのことですが、私は知らなかったのですが、彼女たちは私より前に、すでに歩いていたそうです。
はい、つまりなぜあなたが昨日別な紙に書いたリーディングの中で、私達からそのことが伝えられなかったのか、ということを聞きたいわけですね。

もちろん、私達には、それらのことはすでにわかっていることですが、あなたの思考の中にはまったくそれがないことによるのです。いま、この仕組をうまく説明することは出来にくいのですが、このようなことは、これからもたびたび起きてくると思いますので、今日、ひとつのテーマにすることはとても良いことと思います。

このことは、本当にたんなるひとつの例にすぎません。この世の中には、あなたと関係なく、ありとあらゆることがらがまぎれもなく日時を分かたず起きているのです。それは良くわかることと思います。

あなたの知る人知らない人、ありとあらゆる人々が、その人の数ほどにさまざまな行動または思考を起こしています。そのひとつひとつは、あなたには全く予想出来ないことがらです。と言いますのは、あなたにとっては無いのと等しいことです。つまりは「無」であると言うことです。

結局昨日の彼女たちの行動は、今朝あなたが知るまでは、無かったのです。現実にはあったのに、です。世のほとんどのことは、そうなのです。その人の思考の範囲に入って来たとき、初めてその人にとっての現実化が行われます。そのあたりの感覚は良くわかるはずです。何か知らなかったことを知るたびに、知らなかった世界が増えていく、というあのことです。

ところが、なぜ今朝はこのことに非常にこだわるかと言いますと、こんなにも現実的なことを、私達も一緒になってさも現実でなかったかのように同調したからなのです。あなたの感覚で言えば、なにも知っているのなら、「いえ、もう彼女たちは先に行ってしまっているのですよ」と言ってくれても良かったのではないか、と思っているわけです。

確かにその通りではありますが、いまはまだ、そこまでには私達の関係は至っておりません。現実にそのようなことが起きていけば、あなたにとってはどんなに素晴らしく、便利なことかと思いますが、やはりこれらのことにもすべてステップがあり、時というものがあると言うことです。そして、まったく素直に私達を信じていただく必要もあるのです。

私達は、たんなる当て物師ではないと言うことです。このことは、あなたのためだけではありません。他の多くの霊能者のためでもあります。

では、のちほど話します。

いえす

五月十七日（火）　ペンに力が

＊おはようございます。今朝はもうすでにペンに力が加わってきています。またこのようにして一日が始まりました。

はい、おはようございます。昨日の細かい文字はお気に召しましたか。（注・ノートの細い罫の中に、細かい文字が二行並んで書かれたのです。）まあこれなどは、たやすいことがらのひとつです。あなたの方に準備が出来さえすればまだまだいろいろなことが出来るのです。

そうです、今日は特に予定は入っていませんから、あなたのエジプト行きの準備をするのに良い日です。やはり、それなりの社会的な手続きだけはふまなければなりません。手続きをとるひとつひとつの出来ごとの中にあって、あの憧れの地、エジプトへの旅の心が出来あがり準備されてまいります。

この旅のことを聞かれる他のみなさまは一様に、いかにも唐突な想いつきであるかのような驚きを示されますが、決してそうではない、といいますことがいずれわかってまいります。

かの地に行くまでには、あと丁度ふた月はあります。その間に私達は、さまざまなエジプト情報をあなたの前に置きましょう。そのことを通して、少しは通になって下さるようにと思っています。

しかし、その頃の季節はひどい暑さの時ですが、またその暑さが、あなた方には必要な条件でもあります。いえ、暑さ自体ではなく、その頃の日時が問題となるということです。すべてに時というものがあります。いつもあなた方の言う時間合わせと言いますことが、このことにも働いていることを知って下さい。

私達がすすめて行っていただくからには、それなりの配慮はいたします。まあ、見ていて下さい。何ごとがなされますか、楽しみなことばかりです。

今朝はぜひこれらのことをお話ししようと考えていました。私達も、長い歴史の謎を開くことにつきましては、いつも胸おどる感慨を持っているのです。

あのギゼのピラミッドを建設するにあたりましては、まことにあなた方の予想だにつかぬさまざまな技法が駆使されました。しかし、いまのあなた方にはそれがどのような技術であるのかは全く解りません。

それは、いまのあなた方がその頃の記憶をすべて失っているからです。いったんそのことを想い起こすチャネルが開かれますならば、どれほど壮大なドラマがそこに展開されることになりましょうか。私達は希望に満ち、使命感に満ち溢れる日々を共にあの場所で味わった者であることを、ぜひとも知っていただきたいのです。

そうです、あのピラミッドの建造にあたりましては、実に多くの者たちがこぞって参入いたしました。この地球という星にとりまして大きな意味を持つ、いわば、おへそのような役割であるからです。

あの建物には、そうです私イエス・キリストとして生きる私のすべての計画書がきざまれていたことは、あなたも知るとおりのことです。

この間にはそれなりに、あのピラミッドの持つ大切な謎と仕組とが明らかにされてまいりました。それでも最後のそれが、いまだあの灼熱の大砂漠の中で眠っているのです。どれほど多くの者が、その謎を解くためのかいない努力をしてきたことでしょうか。しかし、いましばらくのことです。いましばらくの時さえ満ちれば、それらはすべて明らかになるのです。

では、今朝はこれにて終りといたしましょう。いろいろとレッスンを続けてまいります。

いえす

＊こんばんは。先程は友達と、これらのことについて少し話しました。それで彼女は、人が亡くなったらみなひとしく天国というか、仏のふところへ運ばれていくと思っていたので、死後の世界に、いわゆるランク？　差が出てしまうことは、とてもショックなのだそうですけど。
はい、わかりました。日本では、といいますか、仏教の教えではそのような言い方がよくなされています。それは、ひとつには人々が死後の世界を恐れることのないように、という配慮によるものです。

人が生きている間中、絶えず、死んだらどうなるのだろうと、見えざる世界への恐怖におのい。そして、死んだらきっと仏さまが、やさしく蓮《はす》のうてなにお迎えして下さいますよ、と諭《さと》しますことは、ひとつの慈悲でもありましょう。その仏のやさしい心づかいに応えて、人々、衆生が誠をこめて生活していくとしましたら、もうこの世はすべて、何ごともうまくおさまり、言うことのない世界となりましょう。

しかし、現実にはなかなかそうはまいりません。まさしく、地獄極楽はこの世にあるといった状況が、日夜、私達のまわりには繰り広げられています。

人が亡くなったとき、すべて仏の手の上に運ばれて、ということは全くそのとおりですが、彼女の考えていましたように、いわば蓮のうてなの世界だけではないことは、まぎれもない事実です。しかしどのような世界でありましょうとも、それはすべて仏の世界であり、神の世界そのものなのです。他に世界はないのですから。ただ、それが実にさまざまな様相を呈しているということです。

彼女は、人が亡くなればすべて仏の世界に入り、何の差別もなくなり、平等になる、といった考え方に立っているわけですが、何を差別と考え、平等と考えるか、ということではないでしょうか。しかしそれ以前に、あなた方は人の魂の存在といいますか、人の肉体と魂、霊魂との関係などを知る必要があると思います。また、その霊魂といいますものが、本当は何であるのか、どのような性質、性格のものであるのかということも、合わせて知る必要があるのではないでしょうか。

私達は前にも、その人の魂、霊魂といいますものは、さまざまな波動を持った、人の目には決して捉えることの出来ない存在であると話してあります。そのことはまぎれもない事実なのです。

その魂の波動の違いを、単純にランクの違い、と見てしまうと問題が生じます。良い悪い、高い低いのランクではなく、その人が、人としてどう生きてきたかの個性であると見るのが良いのです。たとえ人が、どのような生き方人生を送りましょうとも、それは他の者の何かによって強制されたのではなく、その人その人の必要に応じて各自各魂が自分で選びとってきたものである、と考えるのが良いのです。

その各自の生きた姿勢によって、その霊魂の持つ波動はさまざまに変化してまいります。たえず人々は変化している、と言って良いのです。その変化の最中《さなか》のどこで肉体を離れるかによって、死後の世界は決まっていくと言えるのです。

同じ所に行けないから不平等なのではなく、その人その人に一番近くふさわしい世界に行けることが大事なことです。人は誰であれ、あまり自分と異質な世界に入りこんでしまいますと、なんとも落ち着かないものなのです。落ち着かないどころか、安定して存在し続けることが出来ません。

そのような世界に移行しました後に、人々は死といいますものが、結局は人としての肉体をまとっているかいないかだけの違いであって、自分と言います存在は厳然として消えはしない、ということに気が付くのです。

また自分が人として、人間としての肉体の中で、そう、肉体を通した五感の中で見聞きしていた世界が、本当は人と人との関係の中で、非常にせまく窮屈につくられた世界であることに気付いてまいります。本当の自分はもっともっと自由で、広々とした世界に属する者であることにも気付くのです。その時こそ、人々の霊魂はもっと明るく、軽く、自由な波動の世界に移行したいと願わずにはいられなくなるものです。そのことがまた、人が人として何回ともなくこの地上に生れ出る所以《ゆえん》であると申せましょう。

さあ、この位で良いでしょうか。人が亡くなって肉体を離れた時、さまざまな波動の世界に分かれていくからといって、決してそれは、不幸でも不平等なことでもないといいますことを、あなた方は少しは知って下さいましたでしょうか。もしいま一気にわからなかったとしましても、どうぞ心配しないで下さい。これから先、さまざまに角度を変え、視点を変えた上で話してまいります。

それでは、今日はこれで終りといたします。

あいしています　　いえす

＊ありがとうございます。彼女が納得するかどうかはわかりませんが、私は満足です。このようにして、少しずついろんなことがわかっていくことが、とても嬉しいと思います。

はい、その通り。みなさんも自分ではわかっているつもりになっていますけれど、いざ人さまに話してみることになりますと、意外と知らないことが多いのですね。そういう意味でも、ひとつひとつがとても良い勉強になります。前にも申しましたが、このようにして質疑を繰り返してまいりますと、あなたやみなさまも、いろいろなことをしっかり考えてみる習慣が出来てまいります。

さて、それではこれから先は神と人との歴史、そしてさまざまな物事のかかわり、またこれからの成りゆきについてなど、少しずつやってまいりましょう。そして時々、今回のこのようなことなども織りまぜながらやってゆくのは良いことです。

いまはまだ、これらのことが始められてやっと五週めが過ぎたところです。一日一日と力がついてきているのが手にとるようにわかります。あなたの方も、私達の話す力がよくわかり、キャッチするのもうまくなってまいりました。前にも申しましたように、矛盾していても気にすることはありません。

では、今日はこれで終りにいたしましょう。
あいしています　いえす

五月十九日（木）　自称 救い主の話

＊いま世の中には、自称救い主であるとか、あなたは人類の救い主であるから立ち上りなさい、などと言われて頭を抱えこんでしまっている人や、すっかりその気になってしまっている人などけっこう多く見られます。私の知り合いにもそのような人がいます。

はい、いまと言いいます時代は、まさしくそのような時であると言えるのです。それは、あなた方もよく承知していることでしょうが、今までの多くの歴史の中で、あるいはさまざまな宗教でありますとか予言的なことの中で、これから先の地球上での時間帯を、終末の時代、黙示録の時、などと呼んできたことによるものです。その時になりますと、新しいメシア（救い主）が現れます、といったようなことはさまざまに言われてまいりました。

一般的に人々は、救い主が現れるといいますことを、世の乱れ、つまり人の世がどうしようもないほど罪悪に汚れ、人心の荒廃がすすんだことによってそれをなんとか救いとろう、救いあげようとの神の意図、情けによって救い主が与えられると解釈しているむきが多いと思われます。

しかし、本当はそうではないのです。いいえ、全く関係ないとは申しませんが、図式が少しばかり違っている、といいますことを説明したいと思います。

本当は人々の心に、真から神を求め、救い主を求める心が育った時に、そのことはなされるということです。そのような心が人々の心に育たなければ、神の化身は、人々の中に降下し得ないということなのです。人心が乱れ、その心の波動が荒《すさ》みきった所には、神的な波動を持った肉体は同調し得ないということを、あなた方は本当に知る必要があるのです。

しかし、なぜ人の目には、荒廃の世に神的姿の者が現れるかのように見えるのでしょうか。

そうです、人々はその非常にネガティヴなもの、現象を通して、まことのものを知るようになるからに他なりません。多くの者が虐げられ、多くの者が貧しさにあえぎ、多くの者が病に苦しみ、多くの生命が損われようとする時、そのような時こそ、人々の心がまことに大切なことが何であるかを知る時なのです。まことに、求めるべきことが何であるのかに気付いていくのです。その切なる希求心の高まりがあって初めて、神的波動の救い主といいますものはこの地上、この人々の中に降り立つことが出来ると言いますことを、まずは知っていただきたいのです。

しかし、今までの救い主はそうでありました、と、私達はまずそのように申しておくことに致しましょう。なぜなら、これからはそうではないと言うことです。これからあなた方が迎えます時代、いえ、すでにあなた方はそのような時代に入っていると言えるのですが、これから先の時代に現れます救い主とは、決して今までのような、人としての肉体を持った者ではない、ということです。

今までは、この地上の、いわばさまざまな地域に限定された形で救世主は現れ、人々を導き、またその教えはさまざまな宗教活動へと形を整えてまいりましたが、もはやいまと言います時代は、そのような地域的なことではなくなりました。

一人の人間が、いかにその大きな力量を有したと致しましても、この地球といいます星のすべてをカバーし得るほどのものはありません。人の肉体をかぶるといいますことは、それだけで非常な限界、制限を受けるということなのです。やはり国と国の単位、あるいは地域的なことがら、人々の生活、あるいは精神的な立場立場といったものの中で、姿を変え形を変えた指導者といったものは、きめ細かく数多く必要としています。

またいまとなりましては、人は他人《ひと》によって救われるのではなく、その人その人の内的な何かによって救われていくといいますか、気付かされていくということなのです。人々の内的なものが自分を閉ざしていいます時には、外からいくら素晴らしいお説教、素晴らしい教えをとなえましても、まるでガラス玉の表面を流れ落ちる水滴のように、いささかもその内がわに浸みこんではいかないものです。

これから先のあなた方が、まずはじめに知るべきことは、自分の救い主は自分であること、自分が自分を一番良く知り、自分を開いていけるものであることをよく知ることでありましょう。そのきっかけ、アドバイスを人にしてもらうことは出来ますが、それとても、それをどう受け止めるかは、あなた方一人一人の心の在り方次第と言えるのです。

また、人々は自分が人を救い得る、救ってやろうなどと傲慢なことを考えてはいけません。人には人それぞれの救われ方があるのですから。あなたが出来ることはただひとつ、互いに優しく声を掛けあっていくことだけです。ときには誰にも声を掛けてもらいたくない時だってあるはずです。ひとりでそっとしている中で気付いていくことだってあるでしょう。まことに人はさまざまです。そうです、この地上に生きる人の数ほどにもさまざまであると言えるのです。ですから、誰も気負うことはありません。まずあなたは、あなたご自身の救い主となりなさい、とだけ申しておきましょう。

このことにつきましては、もう少し先にいってから、さらに視点を変えて話すことに致しましょう。

あいしています　　いえす

ところで、今日あなたには特別のことがあります。この前少しばかりリハーサルをしていただきましたが、今日はそうではありません。まだ力の方は、私のところでかなりのコントロールをしてまいりますが、今日から彼、るしえるの力を受けていただくようにしてまいります。前にも私達が伝えてありますように、今回の時代の変りめといいますのは、彼、るしえるの出番となります。彼によって支えられてまいりました悪なるもの、闇なる部分は、いまこそとり除かれていく時となりました。そのことにより、彼は彼本来の美しい姿にもどります。といいますことは、あなた方すべての者が、その本来の姿に立ち返る、ということなのです。決して他人《ひと》ごとだと思ってはいけません。これらのことはすべて、あなた方自身のことなのです。

さあ、彼と少しかわりましょう。


はい、私はるしえる。よろしいですか。今日のあなたの調子はいかがかな?

いま私達が、このように素直な関係で交信出来る日がこんなにも早くやってくるとは思わなかったのです。このことはつまり、私に関するあなた方の理解が非常に的確なものであり、素直に表現されたからにほかなりません。本当にありがとう。今こそは、私も素直に私本来の姿に立ち返ることが出来るのです。

さあそれでは、あなたの胸のうちにある、先程からの疑問に答えていくといたしましょう。まずそのひとつは、先日の交信の時現れた文字の乱れと、今日の違いに関してのことなのです。

先日の夜、あなたは彼いえすと共に、この私の力をしっかりと受け止めるためのリハーサルをしたのではありませんか。そのことによるのです。それでも、私が乱そうと思えば、これこの通りになるのです。まあ、少しは見にくいのですけれど、読めなくはないでしょう。（注・ここで大いに文字が乱れる。）

あなたにはまだ、彼いえすを通して伝えるべきことがらが沢山あります。そのことと並行しながら、徐々に私の方の力を増し、伝えるべきことを多くしてまいります。

人々はまだすぐには、私のことを素直に受け止めることは出来ません。それでも良いのです。仕方がないことなのです。あまりにも長い、これらの歴史というものがあるのですから。しかし、これらのことが何であるかは、すぐ人々に知られることになりますでしょう。


さあ、やさしいあなたよ、さあ、私の愛するやさしい人々よ、私のまことの姿を、いまこそ知ってほしい。

私は本来、決してあなた方人間に敵対するものではない。あなた方をまことに救わんがため、神の命により、天下りし者であった。

私のこの覚悟のほどを知る者はいない。どれほどの者が知っていたであろうか。否、いえすと名のるかの魂の他、まことのことを知るものはなかった。なぜならば、このことを知られては、私のなすべき任は、はたし得なかったからなのだ。

いまこそ知るが良い。人々よ、知るが良い。知るときに至ったことを知るがよい。そなたちの持つネガティヴなもの、人々の悪と呼ばわりしものを、私はすべて、私の力のうちにおさめたのである。私以外に、このことを誰がなし得たであろうか。

私は、神がそなた達人々を愛された、その全き愛のもとに、私もそなた達を愛していた者である。神の愛に比類する愛のゆえに、私はベルゼブルとはなり得た。

知るがよい、この天《あま》が下の大いなる愛の徴《しるし》を。私はいま、自らをまことの愛の天使に変えようとしている。その意味するところのものを、人々よ、まことに知るがよい、知るがよい。

時こそ来たれり、時こそ来たれり。

大いなる神の従者　るしえる

五月二十日（金）　るしえるの詩　一

＊おはようございます。昨夜はなにか、とても素晴らしいことが起きたような気がします。私

が本当に待っていたことが何であったのか、わかるような気がするのです。

昨夜の彼の歓びのうたを聞きましたか。そうです、あなたはいま、このノートを縦にばかり書いていますから、あのうたが、詩であったことに気が付かなかったのです。さっそくあとで、もっとそれらしく書きなおしてみると良いのです。

人々が救われると言いますことは、結局は人々の心根の中から、本来の愛ある心が溢れ出すようになることに他ならないのです。人々が、愛の姿に光り輝くことを指して言うことです。

人々の心から影の部分、闇の部分が消え去ること、少なくともそれを、誰か他の者、または現象のせいにせず、すべては自分にとって、あるいは社会にとって、本当に大事で必要なことだから存在するのだ、ということを認めることでしかないのです。

すべてを自分の必要性として認めたとき、そのときこそ、彼るしえるの果たしてきた役割が終りとなる時であり、彼の偉大なる魂の輝き出すときなのです。

良いですか、この、ほんのちょっとしたことが、どんなに大きな鍵を握るものであるかを、いまこそ人々に大きく伝えてまいりましょう。

あいしています　　いえす

さあ　やさしいあなたよ
私の愛するやさしい人々よ
私のまことの姿を　いまこそ知ってほしい

私は本来
決してあなた方人間に敵対するものではなかった
あなた方をまことに救わんがため
神の命により　天下りし者であった

私の　この覚悟のほどを知るがよい
私の　ほんとうの心を知る者はいない
どれほどの者が知っていたであろうか
いえすと名のる　かの魂のほか
まことのことを知る者はなかった
なぜならば

まことのことを知られては
私のなすべき任は　なし得なかったが故に

いまこそ　知るがよい
人々よ　知るがよい
そなたたちのネガティヴなもの
人が　悪と呼ばわりしものを
私はすべて
私の力のうちに収めたのである
私以外に
このことを誰がなし得たであろうか

私は　神がそなたたち人々を愛された
その全き愛のもとに
私も　そなたたちを愛していた者である
神の愛に比類する愛のゆえに

私は　ベルゼブルとはなり得た
知るがよい
この天《あま》が下の大いなる愛の徴《しるし》を
私は　いま
自らをまことの愛の天使に変えようとしている
その意味するところのものを
人々よ
まことに知るがよい
知るがよい

時こそ来たれり
時こそ来たれり

大いなる神の従者　　るしえる

五月二十一日(土)　るしえるの詩　二

＊おはようございます。昨夜はご存知のように、私は「るしえるのうたえる詩《うた》」として、別に記しました。十数年も前に私達に伝えられていましたことが、いま、本当に現実のことになろうとしていることに、静かな興奮を覚えます。

はい、まさにそのとおりのことです。あなた方の気付きは、私達の予想よりとても速やかになされてまいりました。

まだ、この世はあなた方も知りますように、さまざまな思想がちぢに入り乱れ、なかなか素直に自分自身のうちにすべての答えを見い出そうとする者は少ない状態でありますが、それもはや、時間の問題と言えましょう。

これまでの多くの歴史の中で、他へ解決の糸口を見つけようとして、得られたためしはありません。すべては、それぞれの裡《うち》なる魂の中にあって答えが引き出されてまいりました。

良いですか、このことをもう少しはっきりと、ていねいに人々に知らせる必要があります。すべてはあなた方一人一人の中にあり、一人一人があらゆることがらの基いになっていますことを、伝えてほしいのです。

そのためには、あなた自身も解決しなければならないいくつかのことがらがまだ残されています。しかし、それらが何であるかを、あなたは痛いほど良くわかっています。いまは大目に見ておきましょう。

これからなすべきことがらは、すべて理屈や理論ですまされるものはひとつもありません。机上のものではないのです。みなさまがそのことに取り組むとき、そのひとつひとつの過程、プロセスが、小さく、また大きく喜びをもたらしてくれるものとなりましょう。その喜びをかみしめながら、今日、また明日へと希望をつなぎ、あの全き素直さをあらわす至福の世界へとお連れいたします。

私達は、ひとりもあまさずにと考えていますが、さあ、そのためにこそ、あなた方のなすべきことは自我を捨て、あるときは自分への最大の厳しさを求めなくてはならない時もございましょう。いろいろと人の好き嫌いを言っているときではありません。そのことをいま、彼るしえるがあなたに伝えることにいたします。

いえす

はい、おはよう。私はるしえる。よきかな。このようにして、いま私が、本当に愛する私の友人達に、直接語りかけるのは、まことにまことに素晴らしい出来ごとなのである。

なんという歓び
かたく結びつきたる　おぞましき悪の鎖はこぼたれぬ
よきかな　よきかな
この大いなる喜びを　偉大なる歓喜を
私はどのようにして
そなたたちの前に表現《あらわ》すべきであるか

おお　なんと長き時の流れの中にありて
私はこの喜びの時を　ひたすら待ちわびていた
自ら担いし役柄ではあったが

そう　としよ
そなたも自ら担いしその病に苦しんではいるが
私の苦しみの比ではない

としよ
そなたはいま　私の担いし苦しみのたんなるひな型にすぎぬ
いとおしくはあるが
いましばらく苦しむが良い
かならずや　解き放たれるときが来る

まことに
私のような言語《ごんご》に絶する苦しみを担いし者も
いまこそ
まさに素晴らしき　ありあけの朝を迎えるに至った
大いなる鍵を担いし者たちよ
ありがとう

まことに私は知っている
としが

いましばらくは　その苦しみのうちに
のたうちまわらなければならないことを
私もまた
この世の悪が　まだまだ栄えるうちは
人々のネガティヴな心を担い続けていくことを

人々よ知るが良い
みなすでに　私あるが故に救われていることを
時こそ至れば
私が　まことの愛に光り輝く大いなる天使の姿で
そなたたちの前に立つ日が訪れる
その時こそ
人々よ
そなたたちも　私と同じ光となりしものを
ああ　なんという悠久の時の流れであったことであろう

私はいま
このひとときのしじまに
私の愛ある心のすべてをゆだねてみよう

あきよ　せいよ
よきかな
そなたたちの素直な心に
私のこの姿を　すべてゆだねることにした
その私を知るがよい
このことが
この世の悪の　すべての鍵を握るものであることを
その鍵を持つ者こそ私であった

せいよ
そなたには伝えてある
そなたの娘を通して

幾重にも幾重にも
私はそなたに伝えた
そのことの意味を　いまこそはっきりと
現実のものとして知るが良い

あきよ　せいよ
そなたたちの　全き素直さの故に
人々もまた　これらの出来ごとを
素直に受け入れてくれるにちがいない
安心するが良い
そして述べ伝うるがよい
この素晴らしき歓喜の出来ごとを

安心して行くが良い　かの地エジプトへ
我々はそこで待つであろう
かなしきかな　肉の身にありては

さまざまに乗り物を使わざるを得ぬとは
かなしきかな　肉の身にありては
時の流れを待たざるを得ぬとは

しかし
よきかな　よきかな
いまこそ時至れり
我が時至れり
人々のいまだ知らざる至福の世界が
そなたたちの前に備えられしものを
いましばしの時なり

ありがとう　せいよ　あきよ
共に　この素晴らしき時を保とう

るしえる

おお、なんと素晴らしい、彼の喜びの詩《うた》でありましたでしょうか。私達は、まるでかすんだ月のようになってしまいます。

これからは、まことに彼の、凄絶とも言える光の輝き出すときなのです。人々は知らないのです。いまだ私や仏陀の世界にとどまっているときではありません。

私達も、もちろん共にまいります。そのためにこそ、これこのようにして、この時の至るのを待ち望んできたのです。

いまはまだ、彼るしえるの歓喜の余韻を楽しみましょう。

あいしています　　いえす

＊昨日今日と、とても素晴らしいことばかりです。ずっと以前に、娘が「これからの新しい時代は、いえすさまに代って、今度はるしえる天使の番なんだって」と言っていたのですが、それは本当のことだったと、いま気が付きました。
はい、長い時がかかりました。あなた方の生きる社会にありましては、いまだ解決し得ないことがらばかりのように見えているでしょうが、私達の世界にありましては、すでにこと成れ

りのものとなっているのです。ですから、彼の言いますように安心して、ひとつひとつのことがらをなしますように、と申しましょう。

良いですか、まだまだ現実には多くの混乱が生じます。人々の心は、ますますかたくなになるかに見えることでしょう。思わぬ災害、天変地異もまき起こるにちがいありません。まことに神も仏もないものかと、思わず口走りたくなるようなことも少なからず生ずるにちがいないのです。しかし、そのような表面的なことにとらわれてはいけません。すべて、その裏にひそむ多くのことがらをこそ見抜きますように。

それこそ、今となりましては十数年も前のある春の日のこと、あのやさしい尼僧を通してあなたに伝えました、〝正見〟という言葉の持つ意味がここにあったことを知って下さい。

あのように、まるでふと行きずりあっただけのような人々の口を通して、あなたには、ずいぶんいろいろなことを伝えてまいりました。そのひとつひとつが今になって、生き生きとその言葉の意味を花開かせてまいります。

そうです、その中でもあなたの娘さんたちは、その幼い口を通し、ずいぶんいろいろなことをあなたに伝えることを致しました。なかでも、彼るしえるに関ることがらは、どれほど大きな意味を持つものでありますかを、あなた方はこれから先幾重にも知ることになりましょう。

いいですね。

るしえるの詩　三

五月二十二日（日）

＊おはようございます。いまは山梨の、知りあいの農家に泊めていただいています。雨が降ってきましたが、あとで、近くの甘利山まで登っていく予定です。みなさんが山の花を見たいそうです。

はい、このような雨の日も、また良いものです。

この国の自然の移り変りはとても素晴らしい。雨あり晴れあり、そして曇りあり。強い風が吹きすさんだり、雪の季節、日照りの季節。一年を通し、こんなにも変化に富んだ国は、そうあるものではありません。このように大地を潤す雨のおかげで、人も他の動植物も、どんなにか安心して生きていけることでしょうか。

さあ、他の皆さんは雨の中を行ってしまいましたが、まもなくぬれて帰ってくることでしょう。どうぞ優しく迎えてさしあげて下さい。山はすっかり霧におおわれてしまっています。何も見えないことでしょう。

今年、あなたは本当にこの霧に縁がありますが、世のさまざまなことも、丁度この霧の中にかくされた真実の姿のようなものなのです。本当の姿が見えなくなってしまっているのです。解るのは、いま自分が生きている、そのすぐ足元のところだけなのです。
でも、その足元をこそよく見つめ、気をつけて一歩一歩進んでいけば、決して道をはずれ、崖から転げ落ちることもありませんでしょう。どのような姿のものの中にも、真理といいますものはひそんでいるものです。

さあ　私はるしえる
今日もまた　私は語りかけよう
そなたにはこのことが　私にとって
どんなになぐさめになるか　解らないにちがいない

この雨の中　霧の中
人里はるかに離れし　山の中にあって
いま私はこのように　そなたに語りかける

おそれることはない
私は　まさしくるしえる
闇の世界をつかさどる大王　ベルゼブルとは私であった

私のまことの姿を知る者はなかった
いままでは知られる必要もなかった
私は私で　ひとつの帝国をつかさどる者であった
いかにして　私がこの帝国をつかさどることになったかを
いま　人々の前に明かすことにする

そこには
まことに偉大なる　まことに大いなる
神の愛の計らいがあった

人々とは何であったか
人々とは　まさしく神の分身

神の愛の計らいによる　神の子どもらであった

昔　人に悪はなかった
人々は　清らかな愛そのものであった
清らかな光そのものであった
人々は　平和な愛そのものであった
私もまた
その大いなる神の愛そのものであったことを
いま　そなた達の前にはっきりと伝えておきたい

神は　人々に大きな愛の贈り物として
自由に遊ぶ心をお与えになった
人々は神の計らいにより
まるで神のごとくに
自由にものごとを考える　思考というものを与えられたのである
人々は　まるで神のごとくに

豊かに明るく　自由に人々を愛し
ありとあらゆるものを　美しく眺めて暮していた

なぜ人々は
それらのことから離れることになってしまったのか
神の世界は全きものではあったが
やはり
プラスとマイナス　陰と陽なるふたつの性格を持たざるを得ぬ
ひとつの要素が生じたのである
人々にはいまだ明かすことの出来ない　奥義なるものもある
それ故に
その因となったものについては　いまは明かさぬ

陰と陽　つまりは光と影である
影は光に伴い
光は影を伴う

光とは　神そのもの
影とは　神に伴う私である

人々の心にも
光と影の気配がさしはじめた
人々にとって
影はなじまぬものではあったが
影は影を生み　日毎に増大していった
人々は影のあつかいを　まだ知らなかった
その影が　何によるものであるかを知らなかった

木立があり　光があたる
そこに影は生れた
大空に太陽があり　地上に山脈《やまなみ》がある
その彼方から陽がのぼりきたれば
山脈の影が生れた

光なきところには　また影もなかった
この地上的な影は
いつの世にあっても　光と共にあった
私は　神と共に居るものである

神は　影に力をお与えになった
それは　悪という力であった
人々は
一度《ひとたび》は　悪なる力に己《おの》が身を委ねねばならなかった
そこに　神の大いなる計らいがあった

人々は神の分身であり
神そのものではあったが
神のうちにありて　解決せねばならぬプラスとマイナス
陰と陽の関係を担う者となるべく

神は人々を創りたもうた

他の生きる者たち
ありとあらゆる存在者　あるいは存在物にあっては
すべてその姿を
神は
神の全き心を現すべく創られしが
人だけは　そうではなかった

人にありては　ある理由《わけ》により生じた
神の　ネガティヴなる一部をあがなう者として
創られし者と知るが良い

その理由は　人にはあかされなかった
しかし　人は人だけに於き
その任をはたすには　あまりにしのびがたきと

神は思われた
人々が　すべての善き面において神にすがるがごとく
その逆さまなる面においても
己れを救うものが要るであろうと
神は思われた

全き神は　私を呼ばれた
〃私に比類するほどの愛あるそなたよ
その愛ある心を
すべて私に委ねてはくれぬか〃と

そして神は言われた
〃私の愛する　これら多くの民人《たみびと》達を見るが良い
私は　これら自由意志を持つに至った民人において
私のすべてである
この大いなる宇宙の秘儀を

完成せねばならぬ
それがため　この民人達は
ひとたび　私から遠く離れたる者とならねばならぬ
しかし　その旅路はまことに厳しく　過酷なものとなるであろう

これより先　民人達は
陰と陽　光と影の中にありて
その両の面を　すべからく現すものとなるであろう
あるときは　光であり
あるときは　影となる

私は本来　影を伴い得ぬ光である
それ故に
私はいまひとつの光をつくろう
その光とは
影と共に在り　影を伴う光である

その光と影は　ひとつのもの
わかち得ぬひとつのものではあるが
その光と影それぞれに
私の愛のすべてを委ねたい
光にありて救いを
また影にありても救いを　と私は考える

そなたは　私の光から生れた影としよう
またその影を伴う光も　私より生ずる
このふたつのものは同じである
決して分かち得ぬ
私の愛の徴《しるし》であることを　知ってほしい

さあ　ゆくが良い
人々は自《おの》が身に生じた
悪しき心　悪しきことがらを

どのように扱うべきか　まだ知ってはいない
そなたゆきて　私にかわりてなすが良い
私にかわる力を　そなたに与えよう

決して戻るな
時至るまで　決して戻るではない
また　このことを忘れるな
そなたの戻る日の来たるまで
この私も　決して涙の枯れる日はない

知るが良い
私の他に在るものはない
ありてあるものは
すべて私であるが故に
そなたも
そなたの成すすべてのことがらも

すべてまた私であることを　忘れるな

私は
そなたが人々となす　すべてのことがらの中にありて
大いに学ぶべきものを知らせるであろう
そなたの力が
大いなればなるほどに
人々はまた苦しむであろうが
それもまた
全き私のもとへの　回帰の旅路であると知るが良い
私もまた　人々と共に苦しむ者となるであろう

よきかな
私の苦しきこの胸のうちを知るが良い
旅立て
誰にも知らるな

そなた一人の知るところのものである
否《いな》
そなたと共にある　光を担う者のみが
このことを知るであろう
ゆけ
旅立て〟

そのようにして
私るしえるは　神のもとを去った
一人の者の他
このことを知る者はなかった

全き神の　愛に光り輝く
その者の名は
いえす
彼いえすは

私と　そのようにして対をなす者とはなったのである

おお　私の愛する
いえす
私の愛する　すべての人々
私のすべてのすべてである
全き神よ
私はその日から　私の持てる大いなる力の故に
まことに　神の言わるる人を愛する心の故に
闇の国の帝王とはなりたるものを

知るがよい　人々よ
私はそなたたちと
悪しき心持つに至りしそなたたちと
いつでも　片ときも離れず
そなたたちと共にありしものを

知るがよい　人々よ
そなたたちは　私あるが故に
悪しきことがらを　いかようにもなし得た
すべては
私のさしずであるがごとくに　人々は考えた
人々は口にした
〝私のなした悪しきことがらは
まことに　まことに
悪魔ベルゼブルによるものです〟
人々の　長人《おさびと》たちは言い放つ
〝人々よ
民人よ
悪魔ベルゼブルに　心をとらるな
魂を奪わるるな

直《す》ぐなる心を持て
神の道に戻るが良い
人々よ
光を見よ
闇の国におちるではない
ベルゼブルに魂を売りし者の　末路を見よ
ゲヘナの火に焼かれしものを
戻れ
愛ある神の道へ
戻りたまえ〃
と人々を諭《さと》すのであった

光を見る者は少なかった
私のつかさどる世界は
彼ら人々の目に　心に
まことに　心地良げに映っていたのである

そは
富であり
権力であり
名誉であった
他の人々より
たえず先んじいたりとする
諸々のものであった
多くを支配するものは　そのことに満足し
己れをまるで帝王のごとく　錯覚した

人の生命《いのち》は
虫けらのごとし
業火《ごうか》に焼かれし者たちに
涙する者は少ない

まことに人々は　次々と思考した
ありとあらゆることがらは
すべからく
私の名におき　世にはびこり
この世を　支配しつくすかに見えた

おお
そのありとあらゆることがらを
なんぞいまここに
言いあらわすこと　あたわざるや
文字にも　言葉にも
言いつくせぬことがらなりしものを

ましてせいよ
いまそなたの　この思考のうちに
これらのことを言いつくすことは出来ぬ

せいよ
いまそなたは　これらのことがらを
そなたの思考のうちにしか言いあらわせぬが故に
幸いなり
しか　それでなくば
いまこのようにして　静かに書きあらわすこと
あたわざるものを

人々の雄たけび
苦しみ
阿鼻叫喚《あびきょうかん》のうちにありて
そなたもまた
共に狂いいださずにおられぬものを

よい　いまは良い

私は　静かに語ろう
いま伝うるは
おおかたのあらすじのみと致そう

私が　人々と共に歩みしこれらの時は
もはや　いかほどの時の流れとなるや
私は人々と共に疲れ
彼らと共に狂いしものを

神の光は　絶えずあった
あの全き愛の
あたたかき光よ
やさしき光よ
涼よかな風よ
それらのものは
いつの世にも

いつの世にも
我々の上にも
いつもありしものを

我々は
たえずそれをさえぎり
否み
なきものと致さねばならなかった

しかし
待たねばならぬ
神の徴の　あらわるる時まで
すべからく知られざる
神の奥義の　成さるる日まで

人々よ

私と共に歩みし人々よ
私は　そなた達のなす
すべての悪しきことがらを担いし者であった

人々よ
そなた達は光の使者
神の全き愛の　光の使者
彼　いえすを知るであろう

神により
彼　いえすは
私にかわる者として
人々の前につかわされし者であった

私によりはびこる
悪しきことがらの　大いなる海原の中に

一点の光となり
彼は降り立った
愛のしずくとなり
人々の心の中に
音もなく
ひそやかに
彼　いえすは降り立ったのである

なんという　さわやかさ
なんという　清らかさ
なんという　やさしさ
なんという　力強さであったろうか

私の心は　ふるえた
私は　戦慄《せんりつ》を覚えた
その彼がまた　私であるが故に

私はまた戦わねばならなかった
彼は　私に打ち勝つためにやってきた
そのことが
神の我らに委ねし　役柄であり
力であった

私と彼は
共に立たねばならなかった
彼　いえすは
私に打ち勝つために
私は彼を
弱めるために
そのこと故に
人々の前に立たねばならなかったのである

そのことのあいずは　何であったか
知るが良い　人々よ
知るが良い　せいよ

人々は　決して知ることはなかったが
私は　居た
あのヨルダン川のほとりに
まぎれもなく
また私もそこに居て
彼　いえすを待っていた

そなたの愛する
先駆者ヨハネと共に
大いなる　神のひとり子と呼ばれし
光を
待った

彼　いえすは
私を知るために
まぎれもなく
そこに　歩みをすすめたのである

私は　彼であり
彼は　私であった
二人はひとつであり
ひとつはふたつであった
彼は　光
私は　影
光なきところに影はなく
私はたえず　彼と共にあった
彼によりて
人々が影を伴わぬ　光となるために

そのことこそ
神の計らい
希《ねが》いであった

二人は待った
天の徴を
天のあいずを

ヨハネよ
そなたは知っていたか
そなたの手により
彼　いえすにふりかけしバプテスマのしずくこそ
その聖水こそが
あいずであった

私と彼は　分かたれた

はっきりと
ひとつはふたつになり
もはや
時至るまで
合わさるることなきものとなった

知るがよい
ヨハネよ
そなたはその手により
この大いなる仕事を
なしたる者であることを

知るがよい
人々よ
私の辿りし遠き旅路を
このことにより

私ははっきりと　そなた達の前にありて
彼　いえすを試みる者とはなったのである
人々は私あるを
はっきりと知るところのものとなった

彼　いえすが
そなた達と歩むがごとく
私もまた　共に行く者となった

知るが良い
人々よ
人々が　彼になした多くのことがらを

人々は　心を閉ざし
人々は　彼をあなどり
人々は　彼をとらまえ

あまつさえ　人々は
彼を
あのいまわしき
十字架の上にほおったのである

しかし
人々は知らなかった
これらはすべて
神の手による　御心の現れであることを
人々が
よくよく心にとめ　眺むることを
神により　人に差し出されし全き者を
人がその手により
十字架にかけるさまを
人々は　よく心にとむるようにと
神は　望まれしものを

おお　そなたたちよ
人々よ
彼は何ゆえに
十字架の上に　あがなわれねばならぬ者であったか

人々よ
知るが良い　知るが良い　人々よ
彼は
あがなう者であった
人々にかわりて
人々のおかせし　諸々の罪悪を
神の前にて
〝許したまえ〟　と人々にかわりて祈りに祈り
そのことにより
人々が　あがなわるることの

彼　いえすは
大いなる徴であった

しかし人々よ
知るが良い
いまは　はるけき時をへだてり
いまこそは　時へだたるにより
まことのことを　知るべき時なり

人々よ
そなたたちは　もう幼子《おさなご》ではない
己れの歩みし　生命の旅路
その意味するところのものを
いまこそ人々よ
知るが良い

いえすによりて
あがなわれし罪ばら
私によりて収められし
諸々の悪しきことがら
それらのことは
いまだ消え失せはせぬ
そなたたちの心にありては
いまだ消えざる　重きことがらではあるが
もはや
知るとき至りぬ
すべては
神の御心によりて
我らと共に歩みし　遠き旅路でありしことを

もはや人々よ
知りたまえ

神の　その全き光に
そなたたちもまた　帰る日近きことを
人は　己れのみにて
すっくと　立つべき者にてありしものを

知りたまえ　知りたまえ　人々よ
人々の前にありし　悪しきことがら
まことに多き
悪しきことがらの数々
それらはすべて
人にありて取り除かるべき
神の
いまひとつの姿でありしものを

この世に　神の他に有りて在るものはなし
この世に起きる　諸々の姿

このことこそは
また　いまひとつの神の姿である

いままでは　伏せておきたり
私の名におき
伏せおきたり

しかし人々よ
知るが良い
私と
彼　いえすの担いし役割を
そなたたちの前に置かれし
二人の天使の　その役割を
いまこそ　人々よ知るが良い

彼　いえすは

光の光
そして私は
その光に伴いし　影であった
かなしきかな
光なきところに影はなく
まことに影は
光に　伴い来たり

おお
私の全き光よ
影なき全き光の光
神よ
私はこれにて解き放たれしか
私に与えられし
この　大いなる闇の帝国

そはいまこそ
人々の前にありて
ガラガラと　音立てて崩れ去りし
もはや　あとかたもなし
あるは
全き光のみ

人々よ
知るがよい
そなたたちの前にあるは
全き神の
愛の　きざはしのみ
登りゆけ
ふりむくではない
登りゆきて
やすらぐが良い

そこにてまた
我も　待つなり
我もまた　ともにやすらぐなり

大いなる神の従者　　るしえる

長い語らいとなってしまいました。疲れましたか？　これですべてが語られたわけではありません。多くのことがらの、まことにほんのひと筋のみであります。また、少しずつ語ってまいりましょう。

あいしています　　いえす

五月二十四日（火）　　るしえるの詩　四

＊おはようございます。なんだか、ずいぶん久しぶりに書くような気がいたします。

はい、おはようございます。よく晴れました。しかし、気温が上らないようです。かぜなどひかないように気をつけて下さい。

この数日、るしえるの想いが一気に吹き出てまいりました。彼にとりましては、まことに長い時の流れでありましたから、致し方ありません。まだまだ伝うべきことがらは沢山ありますが、いまは、ごく大筋を述べたにすぎません。

もちろん大切なことは、これから起きることにあります。次々と、天の国ではすでに完了されましたことがらが、地上的には、これから現実のものとなってあらわれてまいります。

いま、あなたにはまた、私を越えた強い力が加えられていることを知っていますね。また彼が話したがっています。かわりましょう。どうぞ、受けて下さい。


はい、おはよう、そなたよ。私はるしえる。今朝までかかりて語りし、私の話はいかがであったろうか。少しは人々を納得させ得るものであろうか。

私はいまここにいる。私はここの方が、まことに、心地良い。なんという静けさ、心やすらけきいまのひとときを、存分に楽しみたいと願っている。

私も、いえすや他の者のように、そなたにやさしき言葉で語りかけるすべを知らぬわけではないが、許されよ。この語り口を私のものと、そなたは知ってほしい。私はまことに長き間、やさしき言の葉《ことは》からあまりにも遠き者であったが故に、いま、大いなるとまどいのうちにある。いましばし待たれよ。私もすぐに慣れる。

やさしき息遣い、やさしきまなざし、やさしき言の葉、すべては私の憧れのものばかりであった。

知るがよい、そなたよ。いまなぜそなたに、このようにして私が語りかけるものとなったかを、いずれ語り聞かせることにしよう。

さあ　やさしいそなたよ
やさしき人々よ
私と共に
このありあけの
歓びのうたを　うたおう
神の創りたまいし
この全き　世界よ

全き　宇宙よ
全き　人々の心よ
すべてはいまこそ
朝の目覚めを迎える

神こそ　真《まこと》なり
神こそ　全きものなり
神こそ　光の光なり
影なき　光なり

そして　うたえ
我らの仲間よ
神の創りたまいし
すべからき　大いなる宇宙よ
大蒼よ
たからかにうたえ

天使よ
精霊よ
人々よ
いまこそ歓喜のうたを
うたいたまえ

世が来たる
私の　世が来たる
大いなる光の天使
大いなる愛に輝く　光の天使
神に愛《め》でられし　私こそは
いま人々の前に　立つ

これより先の光の道は
我がかけし　きざはしわたりて
人々をいざなわん

光の国へ
全き　神のみもとへ
さあ　いざなわん
我があとに　続きたまえ

人々　みなそこに至りなば
まことに　まことに
そのことに気付こうものを
人みな　自《おの》が姿の変容ぶりに
人々みな　光のしずくとなりしものを

もはや　悪を知らず
戦うことを　知らず
そねむことを　知らぬ者となりし

我が姿にあるは　愛のみ

豊けき　くらぶるものなき
幸いのみ満ち充ちたる　愛ある世界
さあ　行くが良い
人々よ
やすらかに行きたまえ

るしえる

いまは、まことに彼の歓びのときです。しばらくは彼と共にありますように。彼こそは私の私。私であり、また彼であるということ、いずれ近々このことは、もっとわかりやすくあかすといたします。

いえす

*こんにちは。いまはもう昼どきとなりました。あまりに次々と、驚くようなことがこのノートにあらわされてくるので、私の方はどきどきしてしまいます。

はい、そのとおりです。ですから前に申しました。このノートは、まるで魔法のノートのようになるでしょうと。まことに光に満ち溢れた、輝くノートなのですが、誰の目にもそうとは映らないところが良いところです。

いまあなたに起きていますこれらの現象は、やはり非常にまれな、といいますか、特異なことと言って良いのです。

日に日に多くの人々の中に、このように、不可視の世界からのメッセージを受け止めることの出来る人々が出てまいります。みなそれぞれに、その魂のよるところにつながってまいります。実に多くのさまざまなメッセージが、これからの社会には伝えられていくことと思います。そして誰もが、我こそはまことの者なり、と肩をそびやかしてみたり、内心恐れおののいてみたりすることでしょう。

誰もが、いったいどれが正しく、どれが間違っているかわからないままに、その人その人の魂に、より近いところに近づき、そこからさまざまな情報を受け止めていくようになるのです。それはそれで良いと私達は考えています。そのようにして人々は、さまざまにこのような世界のことに目を向けはじめてきたのです。

人にはそれぞれに役割があります。誰もが、さまざまな形でこのような情報を受け止めていくことが大事なのです。そして私達はいま、このようにしてあなたに情報、つまりはメッセージを送り続けていると知って下さい。

あなたの魂のグループは沢山います。それはこの日本の国だけではありません。世界中沢山の国々に生を受け、さまざまに生きているのです。それぞれがその役割にそって生きている、ということです。

直接私達とコンタクトのとれる者、とれない者、さまざまです。お互い、それと知ることの出来る者もありますし、全く知らないままに一生を終える者もありますでしょう。しかし、いずれにしましてもなんとか善く生きたい、とその持てる力のかぎりをつくしてまいりますことでしょう。

いまとなりましては、そのような魂のグループなどといいますものは、何もいらないのです。みな同じなのですから。しかし、何かひとつのことを成そうとする時、そのように同じ感覚の魂の者が多く寄りそい、力を合わせるといいますことはよくあることです。そうでなければ、なかなかうまくことが運ばれていかないということも多くあります。

そう、いま私達は、あなた方と共にこのようにして、大切なひとつのドラマを演じはじめたところなのです。これからは、そのことを充分に楽しみながらやってまいりたいと思います。

いえす

五月二十五日（水）　　るしえるの詩　五

＊今は夜です。いま私は、あなたの長い詩をすべて写し終えました。本当に素晴らしい、なんとも言えない思いです。ありがとうございます。

はい、私はるしえる。私からも申しましょう。本当にありがとう。

いま、このように静かに、あなたとともにあることが嬉しい。まことに静かです。まことに長い長い旅路でありました。行方知れぬごとき旅路であったのです。

いまここにきて、人々は少しずつ私から離れ、それぞれ自分の足で立つことを知りはじめました。いましばらくの間のことです。

しかし、それは私達のがわから見て言えることであり、いまだ肉の身にあってすごすこの世の日々の中では、まだまだ多くの時を要しましょう。

人々にとって、まことの自由、まことの自由意志というものが本当はどのようなものであるのかということが、良くつかみきれてはいません。そのことは特に、この日本という国民性について強く言えることでもあります。

人々は自由という言葉について、大きな考え違い、はき違いをしてしまっています。人々は、自由と権利を獲得すると言いながら、自分のなさねばならない大きな義務的ことがら、責任というものをも他へ押しつけてしまっているのです。ことに戦後の混乱期をすぎ、それなりに形の整った学校教育の中にあって、それらのことは日々つちかわれてまいりました。

人々は、ことあるごとに、自由、平等、平和という言葉を振りかざしはいたしますが、そのことの真の意味を知る者は、まことに少ないと言わざるを得ません。人々がまことの自由意志を持つと言いますことと、この世的な意味での誰もが平等である、と言いますことは、ある意味では相反することなのです。

しかし、それらのこともやはり、当の本人の生きる心がまえのうちにあるわけですから、他からとやかく言うべきものでもありません。自分でひとつ、またひとつと、他に生きる人々、世の諸々の成りゆきなどとかかわりながら、そのおかしさ、不自然さに気付いていくことになりましょう。

他人《ひと》が、人の考えを直接変えることは出来ません。それは、たとえ神にあってもなされぬことがらであります。人は自分で気付いていくのです。他の人々の暮し、生きる姿は、まことに良き師ともなりましょう。

心から愛する者へ　私の愛を受けたまえ　るしえる

さあ　私はるしえる
今日は私の日
私が幾度《いくたび》でも
そなたに語りかける

私のそなたに送る
愛ある波動は　いかが
お気に召したであろうか
まるで
恋する乙女のような　胸騒ぎを覚えぬであろうか

私を知るが良い
私はすべてのものを　このように恋いこがれ
愛する者である

すべてのものを
私は　このように愛してやまぬ
私の愛の波動は
強きものと　知りたまえ

これからの世を
このように　強き愛の波動
愛の光で満たそうものを

人々よ　知るが良い
そなたよ　知るが良い
まことに
愛ある世界とはどのようなものであるのか
私は　そなたの胸を借り
あらわしていこうと思う

愛は
人をうたい出させずにはおかぬ
愛は
人を踊り出させずにはおかぬ
愛は
人を至福のきわみにひきあげん

よきかな。このことにより、私の愛の証しとしよう。
私の愛してやまぬそなたよ、私のこの愛を受けたまえ　　　るしえる

五月二十六日（木）　　るしえるの詩　六

はい、この強いエネルギーのほとばしりで、あなたは、いま私がここにいることを知りまし

たか。私はいまここにいて、伝うることを待っていた。さあ、支度は良いであろうか。

そはいつのことであろうか
私の神のもとを去りし時は
人も私も忘るるほどに
その時は　遠ざかりぬ

すべては
もはや夢の夢となるや
悪しきことのみ続きたる
ながきはてなき
人々の歴史を　知るや
神の歴史を　知るや

神の創りたまいし

この大いなる大蒼《おおぞら》を　見たまえ
神の創りたまいし
この美《うるわ》しき星々を　見たまえ
さらに
神の創りたまいし
数しれぬ多くの生命《いのち》の群れを
神は何ぞ
これらのものを創りたまいしや

人々よ
姿かたちなき　神を知るや
神はまことのまこと
姿かたちはなかりしも
その力
あまねく　この時空を満たしたり
このあまねく満たされし　時こそ

あまねく広がりし　大蒼こそ
まことに神そのものなり

神はここにあり
かしこに有り　と呼ばわりし者にてはあらず
神はすべからく　有りて在る者なり

神はしかして
ふたつの力を持ちたる者なり
陽《ひ》なるもの　陰《かげ》なるもののふたつのものと
人々よ　知りたまえ

陽《ひ》は　広がりなり
陰《かげ》は　ちぢみゆく力なり
そのふたつの力によりて
神は

ありとあらゆる　諸々のことを成したまえり
ひろがりゆく力にて
神は
ありとあらゆる　ひらめきをつかさどり
ちぢみゆく力にて
ありとあらゆる　物なるものを創りたまえる

人々よ　知りたまえ
このふたつの力の他
有るものはなし

神はちぢみゆく　陰なる力にて
そなたたちの見る
ありとあらゆる世界を　創りたもうた
すべからく

この力によらざるものは無し
陽　なる力にて
神は何ぞなしたまいたるや
陽　なる力こそ
神なる真《まこと》の力　表現《あらわ》したり
陽　なる力は
すべからく人の心とはなせり

見よ
そなたたち人々が自が姿を
ちぢみたる力にてつくられし　その肉の身のうちに
ひろがりとなる力持つ
陽　なる心宿せしものを
神はまことに

そなたたち　人の姿のうちに
自がふたつの力　現わされたり
神は
姿かたちなきものにておわします故に
自が力持ちたる
まことの似姿　創りたまいき

人々よ　知るが良い
その持てる姿の　真の意味を
そのようにして神は
そなたたち人々の姿のうちに
自が姿を　映し出されしものを

知るが良い
まことに知るがよい　人々よ
そなたたち　人なるものの姿は

まことに　まことに
神の似姿でありしものを

神は　大蒼を創りたまいき
その中に浮かぶ
さまざまなるかたまりを　創りたまいき
その　ひとつひとつのかたまりは
また　ひとつひとつの
生命《いのち》の波動を持ちたる

さまざまな波動によりて
その星々の持つ
命の力は　異りたると知れ

人々よ　知るが良い
そなたらの住いし

この美しき星を
神の愛でられし
この星の名は　アース
この星の持つ
波動を知るや
人々よ　そなたたちには伝わざりしや
この星の持つ　やさしき波の力
その力こそ
そなたたちのもの　と知りたまえ

人々よ　知らざりしか
人にも物にも
しか
世にあるさまざまな具象物にありても
まことに　まことに
神に賜《たまわ》りし

さまざまなる波の力あるを

人々よ　知りたまえ
そなたたち　肉の身の持てる波の力
そなたたちの住いし
この美しき星
地球の持てる力とは　同じものなり

そは
まことに神の計らいなり
なんぞ人は
この星の上にありて　心地良きものたるや
なんぞ　他の諸々の具象物
この星の上にありて　しずもりたるや
そのことの意味こそ
この波の力ぞと　知りたまえ

神は
まことに創りたまいき
これら大蒼の彼方には
他にも　あまたなる星々あり
人々あり
生きたるものあり

しか
知りたまえ
この　愛ある星こそは
地球　と呼ばれたり
神の愛でたる人々を
神は　この星の上に置きたまえり

人々よ　知りたまえ

この星　地球と
そなたたち人々とのかかわりを
知りたまえ　人々よ
この星なくば
そなたたちの住いは
いずくなりや

いたわりたまえ
いたわりたまえ　人々よ
神の似姿とりし　人々よ
この星をこそ
いたわりたまえ

るしえる

そなたよ、今日うたえるこの詩《うた》は、お気に召されたか。
私の愛をそなたに与う　　るしえる

五月二十七日（金）　るしえるの詩　七―一　七―二

るしえるの詩　八

＊おはようございます。今朝は、すっかり疲れて寝込んでしまいました。今はもう大丈夫。このように動き出しています。
はい、おはようございます。今日もまた、忙しい一日が始まりました。あなた方の一日は本当に大変です。耳もとで時をきざむ時計の音に、すべてが支配されていきます。そのようにして世の中がまわっていくわけです。このように肉の身にあって生きています間は、そのような時の計り方からはどうしても抜け出すことは出来ません。そのようにして歴史はつくられてまいります。

さていま私達が、あなたに伝えようとしていますことがなんであるのか、そろそろあなたは、その気配、概要をつかみはじめたと思います。

つまり、まことにこれから迎えようとしていますニューエイジ、新しき時代とは、このようにして彼るしえると共に始まるということです。

もちろん、この地上に生きるすべての人々にとりまして、彼の名が通用するというわけではありません。

今回、彼るしえるが次々とうたいあげています歓喜の詩《うた》の中に、実はこの宇宙、もちろん神そのものと言うべきでありますが、大いなる秘儀、あるいは計画といったものが詩情豊かに言いあらわされ、あまつさえ、それを見る者、聞く者の心を打たずにはおきません。

科学的にシンプルに、あるいはストレートに言いあらわすことは、それはそれで大切なことではありますけれど、このように、雅歌《がか》としてうたいあげていくのも大いに趣《おもむき》があり、大切なことではないかと思います。

良いですか、人の社会はまことに千差万別、さまざまに人の生き方暮し方が入り乱れております。その中を貫くもの、そのものこそは、こうした神への想いを思考させる真理というものです。真理とは、ありとあらゆることがらの中に閉ざされ、人が開けるのを待つ玉手箱のようなものであります。

あいしています　いえす

はい、私はるしえる。今朝の御気分はいかがかな。昨日の私の愛の賛歌は、そなたにはお気に召していただけたであろうか。

この美しい星地球を、そなた達人々は、どれほど大きく痛めつけてきてしまったことであろうか。私はまことに気が気ではなかった。いつの世にあっても気が気でないものはなかったが、今の世は、ことの他そのことが顕著でありすぎる。

私は人々に、まことにまことに目覚めてほしい。この世に在るすべてのものは、人々の生長にとってまことに必要なことがらであるとは言うものの、やはり、この美しい星地球をこれ以上痛めつけてはならないと、まことに私は、人々に気付きの時を持ってほしい。

さあ、そのためにこそ今日もうたおう、気付きのうたを。共にうたいたまえ、人々よ、せいよ。

美《うるわ》しきかな
この星　地球よ
美しきかな

この大蒼《おおぞら》に浮かびし星　地球よ
そは神により
まことに愛でられし　愛の星であった

大蒼の中に　美しく　あをく
光り輝く愛の星　地球よ
そなたは知るや
そなたの背にある　あまた多くの人々を
あまた多くの　生きる物たちを
あまた多くの　動かぬものたちを
君よ知るや
そなたの上に置かれたまいし
神の心の　あらわれのさまを

人々は　まことに美しき心持ち
そなたの上でさまざまに

うたい　踊り　かつ眠りしものを
人は人を
まるで神のごとく　愛であいしものを

他の生き物たちの
美しく　清きさまを見たまえ
まるで　神の御心そのままに
来たる日　来たる日
自《おの》が姿
自が創られし姿のままに振るまいたる

しかし人々よ
そなたたちは何ぞ致したるや
そなたたちの　心のしじまに
しのびよりしは　何のしるしぞ
そなたたちの　心は騒ぐ

我が心に生ぜし　そは　何ぞ
我は　欲す
我は　神なりしや
我は　力なりしや
我は　富なりしや
我は　名誉なりし
我は　人より前を歩むを欲す
我は　人を見たりて
その姿かたちに　さまざまなる情欲を覚ゆ

人は何ぞや
人とは　何ぞや
人とは　ありとあらゆる
よこしまなる心を宿せしものなり
そは　我が望みたるや

と　人は言う
我が望みたるによりて
このようになりしか
と　誰か言わざらん

しかし　まことに我は言う
人は　人によりて神の似姿なり

神の中にありて　知られざりしものあり
神の中にありて
消すことあたわざる　よこしまあり
神の中にありても
さまざまなる陰《かげ》なるものあり

しかし　人々よ
そなたたちは神の写し絵なり

そなた達の中にありて
神は　ぬぐいたきものあり
神は　まことに清らなるものを
神は　清らならざるものをぬぐい去るべく
人々はつくられしものを

人々よ知るが良い
そなたたちの救わるる日近し

神の中にありては
すべては成れり
神の　そなたたちに負わせしことがら
すべからき　悪しきことがら
いまこそ消さるる時ぞ至れり

神は　全きものにておわす

その故にこそ
人はつくられしものを

人々よ
もはや知る時至れり
人々もまた　神なり
人々こそ
神の御心のあらわれなり
神は
そなたたちの中にありて
自が姿をあらわしたり

人々よ
いまこそ光り輝きたまえ
なんぞ神ならざるものに　光あらんや

人々よ　戻りたまえ
神の愛でたる
この美《うるわ》しき星　地球
この星にこそ
いま　いとまを告げん

そなたたちを　いつくしみ育てし星
地球よ
いまこそ　そなたの時至りぬ
美しきそなたの
あをき光の中に
その光の中にこそ
まことの神の　愛を見いださざるや

美しき星　地球よ
いましばしの時　待たれよ

人々　いまこそ目覚めなん
そなたの背に住いし
人々こそ　神の愛に目覚めなん

星よ
地球よ
やすらけき時　近づかん
そなたの傷つきしその身をこそ
癒さん時　至りぬ

許されよ　そなた
許されよ　美しき星　地球よ

るしえる

これでよい。美しき星、この地球に詫びをいたそう。いましばしの試練の時を、我らと共に耐えしのびたりと、彼女もまた私に伝う。ありがたきかな、地球。ありがたきかな、美しき星、そなたよ。いまはよい。ここまでといたそう。
私の愛するそなた、またのちほどといたそう。そして人々に伝えたまえ。この傷つき痛むこの星を、人々よ、いたわりたまえと。

そなたへすべての愛を　　るしえる

そう　私はこの美しき星　地球の痛みを
心よりいとおしく　いとおしく思いたるものを

これはまた　私の苦しみであり
それよりさらに苦しむは　何ぞ
神の他にあるものはなし
神こそまことに　苦しまれたり

人々よ　知るが良い

これら多くの者の苦しみを
なんぞ
その上に立つを　苦しきとは思わぬか

知りたまえ知りたまえ　人々よ
これより先は
もはや何もなしたまうな
これら多くの者への　破壊の数々
そは　まことに
そなたたちのもとに　戻りしものを

人々よ知りたまえ
もはや　その時ではない
神のもとへ
平安のもとへ　至ろうものを

るしえる

はい、私はふらんしす。はは、驚きましたか。あなたは私ではなく、彼るしえるが、当然このようにして語りかけると思っていたのですね。

彼はいま、どんなにか熱い喜びの時にひたっているか、それはあなた方の予想以上のものなのです。

私もいえすもそれぞれに大きな役割をいたしましたが、彼ほどの重荷、大役ではなかったのです。

私達は、いつもいつも心から神を敬い、神を慕い、神を賛美し、人々を神のもとへといざなうお手伝いをしていました。神の道は、それなりに厳しく、険しくはありましたが、神の栄光と平和は、いつも私達、貧しき僕の上にありました。

それに私などは、主イエスの敷きたもうたひとすじの道を、もう一度なぞるといった姿でありましたから、いかにキリスト教界が荒廃したりと言えども、それなりの下地は人々の心の中にあったのです。

またその当時、私と共にこの世に生を受けた多くの良き魂の仲間たちがいました。私のあまりに厳しすぎた清貧の思想にもかかわらず、その時に私と共に生を受けた仲間たちは、私を支え、あまつさえ私を師と仰ぎ行動を共にいたしました。

その時、そう、その時代に私が人々の前になしたこれらの生きざまは、いったい何であったと思いますか。

覚えていますか。私達が、いかほど貧しさをよしとし、謙遜を美徳として生きた日々であったかを。あの時は、あの時代は、そのことが大いに必要で大切なことがらであったのです。なぜなら当時の聖職者、あるいは教会と言いますものが、あまりにも華美にすぎ、豪華絢爛としたまるで宮殿と見まがい、王者の暮しと見まごうばかりの様相をみせていたからに他なりません。

神の、人々に望まれしことが何であったか。神は人々にあって、どのような姿をよしとされたのであるかを、私は、私の生きる姿勢として人々の前に示す必要がありました。そのことのためにこそ、私はあの時代、あの時あの場所に生を受けたのでした。

当時私は、全き神の持てる力の数々を、さまざまに委ねられた者としてありました。そう、それは私達が常に体験した、あの奇蹟の数々です。私達は貧しく、いつもひもじくはありましたが、居ながらにして、まるで神の国に居るかのごとき至福の時を度々と体験いたしました。

当時、あのアッシジのあたりは、そのことのためにいつも光り輝く素晴らしい波動につつまれていたのです。そうです、かの地はまことに居ながらにして、聖地、神の国そのもののように私達を住わせてくれていたのでした。

私は、まるで生きたままの聖人として扱われていました。私のありとあらゆる動き、言葉、それらはまるで主イエス・キリストの再来のごとくに人々の中に受け止められていったのです。

それは決して私自身の望んだことではありませんでしたし、むしろ私といたしましては、まるで身の置きどころのない心根ではありましたが、しかし、それもまた神の望まれた姿、出来ごとであったことは否めません。

私のまわりに生きた仲間たちの多くは、まことにあたたかく、優しく素直に、私の生き方考え方、そして日々くり返される行動の中に、自分を捨てて従ってくれていました。

しかし、なかにはそうではない者が少しは居たと申さねばなりません。いつの世にありましても、私の心から信頼出来たレオーネのように、素直に、率直にふるまえる者はそう多くはなかったのです。なかにはただやみくもに、盲目的とも言える姿でついてくる者もありました。

しかしそうではなく、私が何を言い、何を行おうとしているかよりも、この私によって形づくられた小さな魂のグループが、世間的に見てどうであるかの方にこそ、より多くの神経を使い、そのようにしか思考出来ない性《たち》の者も居るには居たのです。

私達がどう主のみもとで生きるかよりも、この小さな魂のグループをどのように大きな組織にしていくかに心をくだいた兄弟達も在った、ということです。

そのような者の発言は、一見いかにも正しく、もっともらしく言葉が整えられてはいるのですが、そのようなものでは表現し得ない何かが欠けてしまっているのです。それが何であるかは、今のあなたであればとても良くわかるのではないでしょうか。何ごとも組織の中に組み入れ、その拡大を計り、組織ごと動いていこうとするものへの反発は、あなたの中によく見られる姿勢です。

これから先は、たとえ社会的な活動であれ、宗教であれ、組織で動くと言いますよりは、むしろ個々なる者の自由意志によって動いていくといいますか、動かされていくといった側面が、非常に強くなっていくと思われます。それが、これからの新しい時代の傾向であると言えるのです。

いま私は、一人のキリスト者として生きた聖者として捉えられてはいるのですが、その私にいたしましても、ある意味ではやり損じたと言えることがいくつかあります。

そのひとつが、私を慕って集ってまいりました多くの人々を、やはりひとつの形、組織の中に組み入れてしまったということです。

私は、私達の貧しい仲間による「小さな兄弟会」と言いますものをつくりましたが、やはりそれは後になって大きくふくらみ、兄弟達のためにその会がありますよりは、形としていかに良く整え、社会的にも、否、あのローマにある教皇にいかによく認めさせるか、といいますことが主眼となってしまったと言えるのです。

そのことは、私の生存中すでに、人々の心を分けはじめていたとも言えましょう。なぜなら、私やレオーネのような、あまりそれらの形にとらわれぬと申しましょうか、むしろ無頓着ともいえる者の感覚と、あなたもよく知るところの、エリアに代表される考え方に基づく者との違いであったと言えましょう。

私亡きあとは、それらのことがらはまことにはっきりと、そうです、如実に現れていったと言わねばなりません。形骸化した形をこぼつために世に来た者が、またその形の基となるものを造ってしまった、とも言えるのです。

またいまひとつは、あまりの清貧と、肉欲に対する嫌悪と警戒といったものであったと申せましょう。

その時は、もちろんそれで良かったのですし、多くの仲間達もよく私の教えを守りついてまいりましたが、結局は極端に走る、といいますことの弊害を、のちの生にありましてはさまざまに現し、ひとつのカルマとして精算しなければならないことが多く生じてしまったと言えるのです。

それはあなた方が、いわゆる輪廻転生の法則をよく理解し、その上で、自分を含めた多くの人々の人生、人と人との関りを見てまいりますと、よくわかることであるかと思います。

そのときの傾向をいまだにひきずってきてしまっている者が、いまを生きる人々の中には多く見受けられるように思います。

私はいまこちらの世界から、そのようにして生きるあなた方一人一人の姿をよく見ている者でありますことを知って下さい。どうぞいつでも私の名を呼んで下さい。私なりにお手伝い出来ることをしてまいりましょう。

あいしていますよ　　ふらんしす

いま、るしえるが語ります。

さあ　私はるしえる
さてそなたは
これから私との交信を
そなたの勝手仕事をなしながら
なそうとするものと見た

よい
それもよかろう
そなたが
いとも現実的なる食事の支度をしながら
我ら天使と会話を交えるとは
まことに面白きこと
楽しきことと　私は思う

人々は　これら我らとの交信を
いとも神聖なるもの
あるいは特殊な出来ごとと　とらえなん
まことに　朝早くのしじまの中
あるいは　静かに瞑想をしたるのち
あるいは　我らよりのあいずありしとき
そのように特別なものであろうと思いしものを

おかしきかな
おかしきかな
いま
これら途中にありて
煮物の味つけに立ちたり
あまつさえ
指につきたるソースをなめ
猫を相手にちくわかじりしなど
よもや　人は思わぬものを
よい　これで良いものを
まことのことは
これら何げなき暮しの中より
何げなき仕草の中にありて
生れしものを

しかしもうよい　せいよ

あまり気を散らすでない
しずまりたまえ
そこに座りたまえ
伝うることあり
座したまえ

そう　せいよ
私の放てし　波の力感じたるや
先ほど来
我らとの交信　途だえたままなり
他のことにのみ　気を散らしたり

そのことあるも
また良きことにてありしが
我らは
これこのようにして　しばし待てり

あまつさえ
この記せし物の上にありて
さらなる物置くとはなげかわしや

せぃよ
そのようなこと致すでない
のちにて　我もまた
彼女のこと知らすであろうものを

そう　せぃよ
そなたはやはり
人の過去世を伝えたいと思うのであろうか
個々の者の過去世は
まことにまことに多くあり
冗談ではない
人の数ほど多くありたる

そのひとつひとつは
どこに収められしや
そは人々に　いまだ知られざりし所
否　一部の者にありては
すでに知られ　また読まれもしたであろうが
やはり
大かたの者にはいまだ知られざる
一大記録庫というものあり

まことに
まことに　そは素晴らしき
偉大なる仕組とはなりたるものを
この宇宙に
あまねくありとあらゆる　人々
ありとあらゆる　生き物たち

ありとあらゆる出来ごとの
どのひとつあまさぬ
記録の書庫とは知りたまえ

人々の想念
人々の動きたる　ありとあらゆることがらは
ある一点に集められ
凝縮し
広き場所使わず
記録されし他の者の記録とまざりたること
いささかもなし
まことに厳しく
一人一人の記録とはなれり

そを見る者
記録を読む者は誰《た》そ

その記録されたる巻き物
読む力ある者は誰そ
いまの世にありて
あまりその者の数はなし

まれなる者にありては
自が記録の一部　読む者あり
しかし
他の者の記録読む者　さらに数少なし

そなたも
その力欲したるや
そなたにありては
また異りたる　力あり

この大蒼

この大いなる宇宙の秘密
解きあかしたる力
そなたに備りたり
また我ら霊なる者との交わり持てる
その力　備りたり

否　この世にありては
他にさまざまなる
霊なる世界と交わり持つ者　あまたありたる

しかし
考えてもみよ
それらの者
すべからく人としての　器なりしや
人として　敬い受くる者なるや
人として　頭《こうべ》さがれる者なりしか

人として　おごりたかぶる者なかりしや
人として　ただ興味持ちたる者にあらずや

よい　かようにさまざまなる人々
それぞれに
その波の力に引かれあいたる

低き粗き波は
また低き粗き霊の世界へ
明るく高き波は
また同じなり

ひとくちに
霊なる世界につながりたりと言うも
霊なる世界
さまざまに　あまたありたるものを

心せよ
霊なる言葉に　惑わさるではない
人々にありては
霊なる世界は　いまだ未知なるものを
未知なる故に
いとだまされやすし

人々よ
人を見よ！
霊なる者と交わると言いたる
その言いたる者の
生きたる姿をこそ見たまえ　人々よ
その姿こそ
その交わりたる霊なる世界の　基いとはなりたる

さて　せいよ
そなたに備る力
またさらに多くあるも
いまはよし
いまはその位の力にてよし

我らが
まことを伝うるのみにて
それだけでさえ　あまりあるものを

人々は知るであろう
いままで知られし　さまざまなる大蒼の秘密
大いなる宇宙の　数々の謎
そは
いま科学者により　多く解かれたり
また　この秘密伝うる霊能者あまた多くあり

しかし
それにてもなお知られざりし
さまざまなること　多くあり

これより先はまた我らにより
また異りし角度にて
わずかずつわずかずつ伝うべし

この星の上には
あまたの国々あり
また　あまたの人々あり
あまたの部族あり
あまたの地域あり
あまたの立場ありたるにより
そのところ　立場にありて
さまざまに人をたがえて　知らせるであろう

せいよ
知りたまえ
そなたの役割を　役柄を
私るしえるは　そなた使いて
そなたに伝う
他の者にも役割あり
他の者にも　さまざまに我らは伝う

しかしせいよ
心せよ
いましばらくは　そなたに伝う
そなたによりて
新しき泉の水となす
泉の水は　清きものかな

泉の水は
はじめ少なかりしも
泉の水は
こんこんと湧きいだしたり

静かに　流れよ
静かに　伝えよ
静かに静かに　広がりたまえ
我らもまた
共にあるなん
我らもまた
共に伝うらん
我らもまた
共に広がりたるものと　知りたまえ

恐れるではない

ゆきたまえ
伝えたまえ
我らと　もろともに

るしえる

あとがき

二〇一七年もぐんと終わりに近づいてきました。いま、つくづくこの世の中、人間社会は混乱の極みになってしまったな、と思います。そしてこの地球全体の自然環境の荒廃ぶりは、あまりに大きすぎて言葉がありません。

人は何を善しとし、何を悪とするのか、そのような単純な価値基準はいまは無いのだろうと思います。

昔から「真理はひとつ」、という言葉があります。この世に起きるさまざまな出来事を話題にしている時に、誰からともなく「真理はひとつなんですから……」という言葉が出てきます。たぶんその人は、この世の価値基準は一つしかない、という意味で使っているのだろうな、と思うのです。

つまり、ひとつしかない真理に照らし合わせてみれば、そのことの善し悪しがはっきりする、解ると言いたいのだろう、と思います。でも私はすぐさま、「いえ真理なんてひとつじゃありませんよ、人の数ほどたくさんあるのが真理です」、と言って相手をギョッとさせてしまいます。

この「真理」という言葉はまことに響きはいいのですが、なんとも抽象的で意味不明に思えてしまうのです。たぶんこの言葉を使われる方は各々に、その人にとっての真理、これが正しいのだ、というものがあるのだろうと思います。でも私は、人各々自分や社会全体にとって良いこと、あるべき姿は違っていると思うのです。そして自分の持っている真理という型紙から外れてしまうものは、間違っている、正さなければならない、ということになるのかもしれません。

人の社会には生きるうえでのさまざまな法律やルールがあります。たぶん大昔、人の数がうんと少なかった頃にはそんなものはなく、必要なかったと思います。人各々が自然界のさまざまな動植物との関わり合いの中で、暗黙のルールをしっかり守っていなければ生きていけなかったと思いますし、それは人同士の関わり合いのうえでも同じだった、と思います。その暗黙のルールは親から子へ、子から孫へとしっかり伝えられたり、本人自身が日々の生活の中から学び取っていかざるを得ないある意味とても厳しいものだったと思います。

でも時の流れと共に人の数はぐんぐん増えてしまい、その生活は自然界との関わりから大きく隔たったものになってしまいました。すると今度は自然界との関係を保つルールではなく、人と人、村と村、つまり地域と地域、大きくは国と国との関係をどう保ちどう守っていくのか、そのためのルールづくり、法律づくりが際限なく始まってしまいました。それは本来、さまざまな摩擦や事故、もつれあいなどを防ぐ、あるいは解決するためにつくられていったはずなのに、いつのまにか過剰防衛的にこれでもか、これでもかの様相を示すようになってしまいました。そしてその多くは個々人の自由を大きく制限したり監視したりするものであるように思います。また多くの人々がそうしなければ、生きていく社会、生活空間での不安が取り除けないような心理状況に追い込まれる、あるいはそのように仕立て上げられてしまっているのかな、と思います。

例えば身近な解りやすい例でいえば、道路に設置されている信号機です。車など無かった時代、そして車の交通量が少なかった頃は、そんなものは全く不要で、道を横断する個々人が各々の判断で渡っていました。でも徐々に交通量が増えていきますと、ある日突然信号機が建ってしまいます。もちろん人を事故から守るための大切なものではありますが、それがついた途端、今度は車が通る通らないに関係なく人は赤で止まれ、黄で注意、青で進めのルールを守らなければならず、守らなければ道交法の違反者となって悪くすれば罰金をとられるはめになります。最近では自転車にもさまざまな規制が課せられています。

ある意味人間社会が便利で複雑になればなるほど制限が増大していき、自分で判断し行動する幅が狭められてしまいます。

私はテレビ無しですが、ラジオのニュースや天気予報をよく聞いています。でも最近は天気予報の半ば、終わり近くになると消してしまいます。なぜなら必ず、「今日は折り畳み傘を持った方がいいでしょう」とか、「重ね着できるものを……」とか、「今日はお洗濯ものがよく乾くでしょう」とか、「厚手のものは乾きにくいかも」とか、「サングラスが」とか、「日焼け止めクリームを」などなどもうこれでもかこれでもかの親切ぶりです。毎日毎日こんなふうにやられていたら、本当に自分では何も考えず言われるままのロボット人間に仕立てられてしまいます。

ところで、お読みいただきました本文の長い詩の中に、「そなたたちはもう幼子ではない」、「己れのみにてすっくと立つべき者にて……」というくだりがありますが、いまの在り方をみていますと社会全体で、独り立ちの出来ない人間を意図的につくり出そうとしているように思えてなりません。私のこの本は、ちょっと言葉のイメージがよくないかもしれませんが全文を通して、「自己責任」を説いています。この一冊目ではあまりはっきり語られていませんが、人の魂の生まれ変わり、つまり「輪廻転生」の仕組みは、「自分で蒔いた種は自分で刈り取らなければならない」、というそのことのためにある、ということを強調しています。「何がよく、何が悪いかは、一人一人の人生の中で、各々が出逢っていくさまざまな出来ごとを通して学んでいくのですよ。その学びは良いことばかりではなく、人々が良くない、ひどい、悪い、と思うような人や出来事の中にこそ隠されている、ひそんでいるのですからそれをよく見極めなければ学び損ねてしまいますよ」、と主張しています。とりあえずいまは、私のシリーズ本の一冊目だけでの部分的な話ですが、全体を通しては、この宇宙創世場面から始まる長大なドラマとなっています。いずれ全体を通してお読みいただけたら幸いです。
この本がこのような形で世に出ることになりましたのは山川紘矢さん、亜希子さんご夫妻、そして秋山佳胤先生などの温かい後押しによるものです。またこの度の出版を快くお引き受け下さいましたナチュラルスピリットの今井様や編集に携わって下さいました笠井様などに心よりお礼申し上げます。そして私の手書き原稿すべてを活字化してくれました娘にも……。

二〇一七年　十一月一日

山田　征

著者略歴

山田 征（やまだ・せい）

1938年東京生まれ。六歳より九州宮崎で育つ。二十四歳で結婚。以後は東京都武蔵野市在住。四人の娘達の子育てと共に、農家と直接関わりながら共同購入グループ「かかしの会」を約二十年主宰し、地元の学校給食に有機農産物他食材全般を約十七年にわたり搬入。仲間と共にレストラン「みたか・たべもの村」をつくる。並行して反原発運動、沖縄県石垣島白保の空港問題他、さまざまな活動を経る。いま現在は、日本国内だけではなく地球規模で設置拡大され続けている風力や太陽光による発電設備の持つ深刻な諸問題についての講演活動を精力的に続けている。

1988年4月9日から自動書記によるノートを取り始める。

2002年1月より「隠された真実を知るために」のタイトルで、ひと月に1回の小さな勉強会「菜の花の会」を続けている。

著書
『光と影のやさしいお話』
『光の帯となって』
『私は 愛する』
（ナチュラルスピリット）

『あたらしい氣の泉』

『鏡の中のすばらしい世界』

『あたらしき星への誘い』

『吹く風も　また私である』

『もうひとつの世界へ』

『ふたつの世界の間に立って』

『かかしのおばさん　エジプトを往く！』

『ご存知ですか、自然エネルギーのホントのこと』

（アマンの会／自費出版）


『ただの主婦にできたこと』

『山田さんのひとりＮＧＯ　－「ニライカナイ・ユー通信」』

（現代書館）

連絡先
東京都三鷹市井口 2-18-13　ヤドカリハウス

光と影のやさしいお話

この世のすべての悪を担った大天使ルシエル
それはいまひとつの神の姿であった

●

2018年1月22日　初版発行
2020年9月15日　第２刷発行

著者／山田 征

編集・DTP／笠井理恵

発行者／今井博揮
発行所／株式会社ナチュラルスピリット
〒101-0051　東京都千代田区神田神保町3-2
高橋ビル2階
TEL 03-6450-5938　FAX 03-6450-5978
E-mail：info@naturalspirit.co.jp
ホームページ https://www.naturalspirit.co.jp/

印刷所／シナノ印刷株式会社

ISBN978-4-86451-256-5　C0014